La tragédie des servantes

Francis Beaumont, John Fletcher

Writat

Cette édition parue en 2023

ISBN : 9789358811643

Publié par
Writat
email : info@writat.com

LE TRAGÉDIE DES FEMMES .

Personnes représentées dans la pièce.

Roi.

Lysippe, *frère du roi* .

Amintor , *un noble gentleman* .

Evadne, *épouse de* Amitor .

    Malantius }
    Diphilius } *Frères d'* Evadné.

Aspatia , *épouse fidèle à* Amniteur .

    Calianax , *un vieux Seigneur plein d'humour, et*
Père de Aspatie .

Cléon}
    Strato } *Messieurs* .

Diagoras , *un serviteur* .

    Antiphila }
Olympias} *attend Gentlewomen pour* Aspatie .

Dula , *une dame* .

Nuit}
Cynthia} Neptune} Eolus} *Maskers* .

* * * * *

Actus primus. Scène première .

Entrent *Cléon, Straton , Lysippe, Diphilus* .

Cléon . Les autres se préparent, Monsieur.

Strate . Alors laissez-les faire, nous avons le temps.

Diplôme . Vous êtes le frère du roi, mon Seigneur, nous vous croyons sur parole.

Lys . *Straton* , tu as quelques compétences en poésie, quoi penses -tu à un masque ? est-ce que ça ira bien ?

Strate . Tout comme le masque peut l'être.

Lys . Comment le masque peut-il être ?

Strate . Oui, ils doivent louer leur roi, et faire l'éloge de l'Assemblée, bénir les mariés, en personne de quelque Dieu ; tu es lié aux règles de la flatterie.

Clé . Voyez, bon mon Seigneur, qui est revenu !

Lys . Noble *Mélance* !

[*Entre Mélance* .

La terre par moi accueille tes vertus chez elle à *Rhodes* , toi qui avec du sang à l'étranger nous achètes notre paix ; le souffle du roi est comme le souffle des dieux ; Mon frère te souhaite ici, et tu es ici ; il sera trop bon et te fatiguera avec des accueils fréquents ; mais le temps t'accueille au-dessus de ce monde ou de tous les mondes.

Mél . Mon Seigneur, mes remerciements ; mais mes membres écorchés ont dit mon amour et ma vérité à mes amis, plus que ma langue ne pouvait le faire auparavant. Mon esprit est le même qu'il l'a toujours été pour vous ; là où je trouve de la valeur, j'aime le gardien, jusqu'à ce qu'il le lâche, et puis je le suis.

Diplôme . Salut, digne frère !
Celui qui ne se réjouit pas de votre retour
en sécurité est mon ennemi pour toujours .

Mél . Je te remercie *Diphilus* : mais tu es fautif ;
Je t'ai envoyé chercher pour exercer tes armes
avec moi à *Patria* : tu n'es pas venu *Diphilus* : « Il était
malade.

Diplôme . Mon noble frère, mon excuse
est l'ordre strict de mon roi, dont vous, mon Seigneur, pouvez être témoin
avec moi.

Lys . C'est vrai que Mélantius
ne viendrait peut-être pas avant que la solennité de ce grand match ne soit
passée.

Diplôme . As-tu entendu parler de cela?

Mél . Oui, j'ai donné raison à ceux qui
envient mes actes à l'étranger de me traiter de joueur ; Je n'ai pas d'autres
affaires ici à *Rhodes* .

Lys . Nous avons un masque ce soir,
et vous devez suivre la mesure des soldats.

Mél . Ces guerres douces et soyeuses ne sont pas pour moi ;
La musique doit être aiguë et confuse ,

cela me remue le sang, et puis je danse avec les armes :
mais *Amintor est-* il marié ?

Diplôme . Ce jour.
Mél . Toute la joie sur lui, car il est mon ami :
ne vous étonnez pas que j'appelle un homme si jeune mon ami, sa valeur est
grande ; il est vaillant et tempérant, et ne pense jamais que sa vie lui
appartient, si son ami en a besoin : quand il était enfant, dès que je revenais
(comme sans vantardise)
je rapportais une conquête à la maison, il contemplait moi, et regarde-moi
autour de moi, pour découvrir dans quel membre réside la vertu de faire les
choses qu'il a entendues :
alors il souhaiterait voir mon épée, et sentir la rapidité du tranchant, et dans
sa main la peser ; il me faisait souvent sourire à ce sujet ; Sa jeunesse
promettait beaucoup, et ses années mûres verront tout cela se réaliser .

[*Entre Aspatia* , *en passant* .

Mélane . Salut, femme de chambre et femme !
Toi, belle *Aspatia* , que le nœud sacré
que tu as noué aujourd'hui dure jusqu'à ce que la main
de l'âge se défait ; Puisses -tu amener une race
à *Amintor* qui puisse remplir le monde
successivement de soldats .

Aspe . Ma dure fortune
ne mérite pas le mépris ; car je n'ai jamais été fier quand ils étaient bons.

[*Sortez d'Aspatie* .

Mél . Comment c'est?

Lys . Vous vous trompez, car elle n'est pas mariée.

Mél . Vous avez dit *qu'Amintor* l'était.

Diplôme . C'est vrai ; mais

Mél . Pardonnez-moi, j'ai reçu
des lettres à *Patria* , de mon *Amintor* ,
pour qu'il l'épouse.

Diplôme . Et ainsi en fut-il,
à tous avis, depuis longtemps ; mais votre arrivée m'a fait croire que vous
aviez entendu le changement.

Mél . Qui a-t-il donc pris ?

Lys . Une dame, monsieur,
qui porte la lumière au-dessus d'elle et frappe morte avec des éclairs de ses

yeux ; la belle *Evadne* ton
        Sœur vertueuse .

Mél . Paix de cœur entre eux : mais c'est étrange.

Lys . Le Roi mon frère l'a fait
Pour t'honorer ; et ces solennités
Sont à sa charge.

Mél . C'est Royal, comme lui ;
Mais je suis triste, mon discours porte un son si malheureux À la belle
Aspatia ; il y a de la rage
cachée dans la poitrine de son père ; *Calianax*
s'est longtemps penché contre moi, et il ne devrait pas penser, si je pouvais
le rappeler, que je prendrais des vengeances si basses, au point de mépriser
l'état de sa fille négligée : tient-il encore sa grandeur auprès du roi ?

Lys . Oui; mais cette Dame
Marche mécontente, avec ses yeux
aqueux Penchés sur la terre : les bois peu fréquentés Sont son délice ; et
quand elle verra une banque pleine de fleurs, elle dira avec un soupir à ses
serviteurs quel joli endroit c'était d'enterrer les amants, et de faire cueillir ses
servantes, et de l'y jeter comme un corse .
Elle porte avec elle un chagrin contagieux qui frappe tous ceux qui la
regardent, elle chantera les choses les plus lugubres que jamais l'oreille ait
entendues,
et soupirera et chantera encore, et quand le reste de nos jeunes dames, dans
leur sang dévergondé, raconteront des histoires joyeuses. bien sûr qui
remplissent la pièce de rire, elle racontera avec un regard si triste une
histoire de la mort silencieuse d'une Vierge abandonnée, que son chagrin
mettra dans une telle phrase, qu'avant de finir, elle les enverra pleurer . un
par un.

Mél . Elle a un frère sous mes ordres.
Comme elle, au visage aussi féminin que le sien,
mais avec un esprit qui a largement dépassé
le nombre de ses années.

[*Entre Amintor* .

Clé . Mon Seigneur l'Époux !

Mél . Je pourrais courir férocement, pas plus précipitamment
Sur mon ennemi : Je t'aime bien *Amintor* ,
Ma bouche est beaucoup trop étroite pour mon cœur ; Je suis heureux de
regarder tes yeux ; Tu es mon ami, mais mon langage désordonné coupe
mon amour.

Amine. Tu es *Mélance* ;
Tout amour s'exprime en ce sacrifice, Pour remercier les dieux, *Mélance* est rendu
sain et sauf ; la victoire repose sur son épée Comme elle avait l'habitude ;
puisse-t-elle y construire et y demeurer, et que ton armure soit comme elle a été,
seulement ta valeur et ton innocence.
Quels trésors infinis nos ennemis donneraient-ils, Pour que je puisse te retenir ainsi !

Mél. Je ne suis que pauvre en paroles, mais croyez-moi, jeune homme,
votre Mère ne pouvait plus que pleurer de joie de vous revoir après une
longue absence ; toutes les blessures que j'ai, ne les emportent pas tant, ni tous les cris
des mères veuves : mais c'est la paix ; Et qu'était-ce que la guerre ?

Amine. Pardonne, Dieu saint
du lit conjugal, et ne fronce pas les sourcils, je suis obligé,
en réponse à des larmes aussi nobles que celles-là, de pleurer le jour de mon mariage .

Mél. Je crains que tu ne sois trop malade ; car j'entends
qu'une dame pleure pour toi, les hommes disent à la mort : Abandonné de toi, dans quelles conditions je ne sais pas.

Amine. Elle avait ma promesse, mais le roi l'a défendu,
et m'a fait faire ce digne changement, ta sœur
accompagnée de grâces au-dessus d'elle, avec qui j'aspire à perdre ma vigoureuse jeunesse et à vieillir dans ses bras.

Mél. Soyez prospère.

[*Entrez dans Messenger* .

Messène. Mon Seigneur, les Maskers sont en colère contre vous.

Lys. Nous sommes parties. *Cléon, Strates, Diphilus* .

Amine. Nous vous assisterons tous , nous vous troublerons
Avec nos solennités.

Mél. Ce n'est pas le cas *d'Amintor* .
Mais si vous vous moquez de ma grossière voiture En paix, j'en ferai autant pour vous à la guerre
Quand vous viendrez là-bas : pourtant j'ai une Maîtresse À amener à vos délices ; Aussi rude que je sois, j'ai une Maîtresse, et elle a un cœur, dit- elle ,
mais croyez-moi, c'est de la pierre, pas mieux,

Il n'y a aucun endroit où je puisse défier .
Mais tu restes immobile, et c'est ici que se trouve mon chemin.

[*Sortie* .

Entrez Calianax avec Diagoras .

Cal . *Diagoras* , regarde mieux les portes, car tu as laissé entrer tout le monde, et bientôt le roi me insultera ; pourquoi, très bien dit, par *Jupiter* , le roi aura le spectacle à la cour.

Diag . Pourquoi jurez-vous ainsi mon Seigneur ? Vous savez qu'il l'aura ici.

Cal . À cette lumière, s'il est sage , il ne le fera pas.

Diag . Et s'il ne veut pas être sage, vous avez pardonné.

Cal . On peut s'épuiser à jurer et n'obtenir de remerciements de personne, je m'en vais, regarde qui le fera.

Diag . Mon Seigneur, je ne les empêcherai jamais d'entrer.
Priez, restez, vos regards les terrifieront .

Cal . Mon apparence les terrifie , espèce de Coxcombly Ass !
        Je serai jugé par toute la compagnie si tu n'as pas un visage plus mauvais que moi...

Diag . Je veux dire, parce qu'ils vous connaissent, vous et votre bureau.

Cal . Bureau! J'aurais aimé pouvoir reporter cela, je suis sûr que je transpire beaucoup dans mon bureau, j'aurais pu faire de la place au mariage de ma fille , ils l'avaient presque tuée parmi eux. Et maintenant je dois rendre service à celui qui l'a abandonnée ; servir cette volonté. [*Quitte Calianax* .

Diag . Il a tellement d'humour depuis que sa fille a été abandonnée : écoute, écoute, là, là, alors, alors, des codes, des codes. Et maintenant? [*À l'intérieur. frapper à l'intérieur* .

Mél . Ouvre la porte.

Diag . Qui est là?

Mél . *Mélance* .

Diag . J'espère que Votre Seigneurie n'amène aucune troupe avec vous, car si vous le faites, je dois les ramener. [*Entre Mélance* .

Mél . Personne sauf cette Lady Sir. [*Et une dame* .

Diag . Les dames sont toutes placées là-haut, sauf celles qui viennent dans la troupe du roi, les meilleurs de *Rhodes* sont assis là, et il y a de la place.

Mél. Je vous remercie Monsieur : quand je vous ai vu placer
Madame, il faut que j'accompagne le Roi ; mais le masque fait, je
t'attends à nouveau.

Diag. Restez là, place pour mon Seigneur *Melantius* , je vous prie, reculez, ce
n'est pas un endroit pour de tels jeunes et leurs Truls , que les portes se
ferment encore ; Moi, est-ce que tu as la tête qui te démange ? Je vais les
gratter pour vous : alors maintenant, poussez et accrochez : encore une fois,
qui ne l'est pas maintenant ? Je ne peux pas reprocher à mon seigneur
Calianax de s'être éloigné ; s'il était là, il courrait furieux parmi eux, et
briserait en un clin d'œil une douzaine de têtes plus sages que la sienne :
quelles sont les nouvelles maintenant ?

[*À l'intérieur* .

Je prie, pouvez-vous m'aider avec le discours du maître cuisinier ?

Diag. Si j'ouvre la porte, je cuisinerai quelques-uns de vos Calvesheads .
Des Voleurs de la Paix. — encore une fois, — qui est-ce ?

Mél. *Mélance à l'intérieur. Entre Calianax auprès de Melantius* .

Cal. Ne le laissez pas entrer.

Diag. Ô mon Seigneur, je dois le faire ; faites là de la place à mon
Seigneur ; n'est -ce pas votre dame qui est là ?

Mél. Oui Monsieur, je vous remercie mon Seigneur *Calianax* : bien accueilli,
votre haine sans cause envers moi, j'espère, est enterrée.

 Cal. Oui, je rends ici service à votre
sœur , qui amène mon propre pauvre enfant à une mort intemporelle ;
Elle aime ton ami *Amintor* , un autre
Seigneur au cœur faux comme toi.

Mél. Vous me faites un tort
très peu viril, et je suis lent à me venger, mais soyez bien conseillé .

Cal. Il se peut : qui a placé la Dame là si près de la présence du Roi ?

Mél. Je l'ai fait.

Cal. Mon Seigneur, elle ne doit pas rester là.

Mél. Pourquoi?

Cal. La place est réservée aux femmes de plus grande valeur.
Mél. Vaut-il plus qu'elle ? il ne convient pas à votre âge
et à votre lieu d'être ainsi féminin ; ancêtre; Ce que vous avez dit , je suis
content de penser
que The Palsey vous a serré la langue.

Cal. Pourquoi est-ce bien si je reste ici pour placer des filles d'hommes .

Mél. J'oublierai cet endroit, ton âge, ma sécurité, et à travers tout, je couperai cette pauvre semaine maladive que tu dois vivre, loin de toi.

Cal. Non, je sais que tu peux te battre pour ta pute.

Mél. Bate le roi, et quelle que soit sa chair et son sang,
celui qui le dit ment , ta mère à quinze ans
était noire et pécheresse pour elle.

Diag. Bon mon Seigneur !

Mél. Un dieu arrachera trois-soixante ans à cet homme affectueux,
afin que je puisse le tuer et ne pas ternir mon honneur ;
C'est la malédiction des soldats , qu'en paix,
ils soient cerveaux par des hommes aussi ignobles,
que (si la terre était troublée) ils leur demanderaient secours avec des larmes
et à genoux : ce sang
(cette mer de sang) qui J'ai perdu dans le combat, coulaient dans tes veines,
afin que tu sois apte à dire moins, ou capable de soutenir, si tu disais plus,
— Ce *Rhodes* que je vois n'est rien d'autre
qu'un endroit privilégié pour faire du mal aux hommes.

Cal. Moi, tu peux dire ton plaisir.

[*Entre Amintor* .

Amin. Quelle injure
ignoble a ému mon digne ami, qui est aussi lent
à se battre avec les mots qu'il a la main rapide ?

Mél. Cette vieillesse que je révérerais
si elle était tempérée : mais les années irritables sont des plus méprisables.

Amin. Bon Monsieur, abstenez-vous.

Cal. Il en existe un autre comme vous-même .

Amin. Il fera du tort à vous, à moi ou à n'importe quel homme,
et parlera comme s'il n'avait pas de vie à perdre. Depuis notre mariage : le
roi arrive, je ne voudrais pas pour plus de richesse que je n'en jouis, il
devrait vous voir en colère, il J'ai entendu que tu étais en désaccord
maintenant, ce qui l' a précipité .

Cal. Faites de la place là-bas.

Les hoboyes jouent à l'intérieur .

Entrez le roi, Evadne, Aspatia , les seigneurs et les dames .

Roi . *Mélantius* , tu es le bienvenu, et mon amour
est toujours avec toi ; mais ce n'est pas un endroit pour bavarder ; *Calianax* ,
mains jointes.

Cal . Il n'aura pas ma main.

Roi . Ce n'est pas le moment
de vous forcer à le faire , je vous aime tous les deux :
        Calianax , tu as fière allure dans ton bureau ;
Et toi, *Melantius,* tu es le bienvenu à la maison ; commencez le masque.

Mél . Ma sœur, je suis heureuse de te voir, et ton choix,
tu as regardé avec mes yeux quand tu as pris cet homme ;
Soyez heureux en lui.

[*Enregistreurs* .

Évad . Ô mon très cher frère ! Votre présence est plus joyeuse que ce jour
ne peut l'être pour moi.

Le Masque .

La nuit se lève dans les brumes .

Près . Notre règne est venu ; car dans la mer déchaînée
le soleil s'est noyé , et avec lui est tombé le jour :
la brillante *Cinthia* entend ma voix, je suis la nuit
pour qui tu portes ta lumière empruntée ; Apparaît, ne
cache plus ton visage pâle ,
mais frappe ta corne d'argent à travers un nuage, et envoie un rayon sur
mon visage basané, par lequel je peux découvrir tous les lieux et toutes les
personnes, et combien d'yeux ardents sont venus attendre nos solennités. .

[*Entre Cinthia* .

Comme je suis terne et noir ! Je ne pourrais pas trouver
cette beauté sans toi, je suis si aveugle ; Il me semble qu'ils ressemblent à
ces stries orientales qui nous avertissent d'ici avant l'aube ; Reculez, mon
pâle serviteur, car ces yeux savent lancer des rayons bien plus nombreux et
plus rapides que vous.

Cinquième . Grande Reine, c'est une troupe pour laquelle seule
j'ai revêtu une de mes lunes les plus claires ; Une troupe qui semble comme
si toi et moi avions cueilli nos pluies et nos fouets posés
pour contempler ces mortels, qui semblent plus brillants que nous.

 Nuit . Alors gardons- les ici,
et plus jamais nos chars ne partiront, mais gardons nos places et éclipsons le
jour.

Cinquième . Grande Reine des ombres, tu es
        je suis heureux de parler
de plus que ce qui peut être fait ; nous ne pouvons pas enfreindre les
décrets des dieux, mais quand notre heure sera venue, nous devrons partir
et donner au jour notre chambre. Pourtant, pendant que dure notre règne ,
étendons notre pouvoir
pour donner à nos serviteurs une heure de contentement, avec une grâce et
un état si solennels et si inhabituels, qu'ils pourront pour toujours les forcer
à haïr nos frères les rayons glorieux et à souhaiter que la nuit soit couronnée
de mille étoiles et notre froide lumière :
pour presque tout le monde leur service se penche vers *Phébus* et en vain je
prête ma lumière,
        Je regardais mon décor depuis mon élévation.
Presque personne, mais des yeux inquiets.

Près . Puis brille pleinement, belle Reine, et par ton pouvoir
Produis une naissance pour couronner cette heure heureuse ; Des Nymphes
et des Bergers laissent découvrir par leurs chants, Facile et doux, qui est un
Amant heureux ;
Ou si tu pleures, alors appelle ton propre *Endymion*
Du doux lit fleuri sur lequel il repose,
Au sommet *de Latmus* , tes pâles rayons s'éloignent,
Et de cette longue nuit laisse-le faire un jour.

Cinquième . Tu rêves, sombre reine, ce beau garçon n'était pas à moi,
et je ne suis pas descendu pour l'embrasser ; l'aisance et le vin ont engendré
ces contes audacieux ; Les poètes, quand ils sont en colère, transforment les
dieux en hommes, et font d'une heure un siècle ; Mais je donnerai un plus
grand état et une plus grande gloire, et élèverai au temps un noble souvenir
de ce que sont ces amants ; lève-toi, lève-toi, dis-je, Toi, puissance des
profondeurs, tes ondes sont écartées, *Neptune* grand roi des eaux, et par moi
Sois fier d'être commandé.

[Neptune se lève.

Nép . *Cinthia* , vois, ta parole m'a amené ici, fais-moi savoir pourquoi je
monte.

Cinquième . Ce spectacle
majestueux ne te donne-t-il pas encore de connaissance ?

Nép . Oui, maintenant je vois.
Quelque chose prévu *(Cinthia)* digne de toi ;
Allez, je vais vous aider.

Cinquième . Salut à toi alors,
et charge la mouche du vent depuis son Rockie Den.

Lâchez vos sujets, seulement *Borée,*
trop immonde pour nos intentions comme il l'était ; Gardez-le toujours
enchaîné ; nous ne devons en avoir aucun ici
Mais des souffles printaniers et des vents doux apparaissent, Tels que des
fleurs soufflées, et à travers les branches joyeuses chantent De nombreux
doux accueils au printemps vigoureux. Ce sont nos musiques : ensuite, ta
course
d'eau , amène-les par couples ; nous sommes heureux de rendre grâce
à cette noble nuit, chacun dans les choses les plus riches qu'apportent vos
propres profondeurs ou le vase brisé ; Soyez prodigue, et je serai tout aussi
bon, Et je brillerai pleinement sur vous.

Nép . Oh le vent
commandant *Éole !*

[Entre Eolus hors d'un rocher.

Éol . Grand *Neptune !*

Nép . Il.

Éol . Quelle est ta volonté ?

Nép . Nous t'ordonnons de libérer *Favonius* et tes vents plus doux d'attendre
notre *Cinthia* , mais tye *Borées* droits ; Il est trop rebelle.

Éol . Je le ferai.

Nép . Fais, grand maître du déluge, et tout en bas,
Ton plein commandement a pris.

Éol . Ho! le principal;
        Neptune .

Nép . Ici.

Éol . *Borée* a brisé ses chaînes,
et, luttant contre les autres, il s'est enfui.

Nép . Laissez-le tranquille, je l'emmène en mer ;
Il ne restera pas longtemps là-bas ; allez encore une fois Et appelez du fond
du Main, Soufflé *Protée* et les autres ; chargez-les de mettre
leurs plus grosses perles et la pierre la plus étincelante que le rocher porteur
engendre, jusqu'à ce que cette nuit soit faite par moi un honneur solennel à
la Lune ;
        Volez comme une voile pleine.

Éol . Je suis parti.

Cin . Nuit sombre,
faites un silence complet, faites une thorow juste
à ce grand *chœur* , afin que notre musique puisse
toucher haut comme le ciel et faire lever le jour à l'Est à mi- nuit .

[*Musique* .

CHANSON.
Cinthia *à ton pouvoir, et nous leur obéissons.*
Joie pour cette grande compagnie, et aucun jour ne viendra voler cette nuit, jusqu'à ce que les rites de l'amour soient terminés,
et que l'époux vigoureux dise :
Lumière bienvenue à tous ceux qui se sont liés d'amitié. Développez vos pouvoirs aquatiques ci-dessous, laissez vos pieds
comme les Gallies quand ils rament, même battre .
   Laissez vos mesures inconnues s'installer
dans les vents tranquilles, dites à tous que les dieux sont venus grands immortels, pour honorer ce grand mariage .

La mesure. Deuxième chanson.

   Retiens tes heures de nuit noire, jusqu'à ce que nous ayons fini.
Le jour viendra trop tôt ; Les jeunes filles te maudiront si tu t'en vas,
et si tu laisses leurs rougeurs éclater au grand jour.
Restez, restez et cachez les rougeurs de la Mariée. Reste douce nuit, et couvre de tes ténèbres Les baisers de son Amant. Restez et confondez ses larmes et ses cris aigus ,
ses faibles reniements, ses vœux et ses souvent mourants ;
Restez et cachez tout, mais ne l'aidez pas même si elle appelle .

Nép . Grande Reine de nous et du Ciel,
Écoutez ce que j'apporte pour que cette heure soit pleine, Si ce n'est sa mesure.

Cinquième . Parlez Seas King.

Nép . Tes airs mon *Amphitrite* des joies à avoir,
Quand ils danseront sur la vague montante, Et me feront la cour comme les voiles, mes *Trytons* jouent
   Musick pour mener une tempête, je vais ouvrir la voie.

Chanson. Mesure.

_Au lit, au lit ; viens Hymen, conduis la mariée et
couche-la à côté de son mari :
amène les vierges toutes celles qui pleurent de rester seules : afin qu'elles puissent s'embrasser pendant qu'elles peuvent dire, une servante : Demain,
ce sera autre, embrasse -toi et dit :

Hespérus brillera longtemps,
tandis que ces amants seront enlacés.

Éol. Ho! *Neptune!*

Nept. *Éole !*

Éol. Les mers vont bon train,
          Borée a soulevé une tempête ; va et applique
ton trident, sinon je prophétise qu'avant jour
Beaucoup de grands voiliers seront jetés : Descendez avec tous les dieux et
toute leur puissance pour frapper un cal [m].

Cin. Un merci à chacun , et pour féliciter
un si grand service rendu à mon désir, vous aurez beaucoup d'inondations
plus pleines et plus hautes que vous ne l'auriez souhaité ; Aucun reflux
n'osera laisser le jour voir où sont vos habitations : Maintenant, revenez en
toute hâte à votre gouvernement, de peur que votre fière charge ne s'enfle
au-dessus du désert et ne gagne sur l'île.

Nép. Nous obéissons.

[*Neptune descend et les dieux de la mer* .

Cinquième. Relève ta tête la nuit morte ; tu ne vois pas le jour ?
L'Orient commence à s'éclaircir, je dois descendre Et laisser la place à mon
frère.

Près. Oh! Je pourrais froncer les sourcils
Pour voir le jour, le jour qui jette sa lumière sur mes royaumes et méprise la
vieille Nuit ; Laissez-le continuer et flamber, j'espère voir un autre feu de
forêt dans son Axletree ; Et tout faux drencht ; mais j'ai oublié, parle Reine.
Le jour avance, je ne dois plus être vu.

Cin. Lève ta tête somnolente ,
et vois
Une plus grande lumière, une plus grande majesté , Entre notre secte et
nous ; forme ton équipe; Le jour se lève ici, et vous êtes un ruisseau
étincelant tiré du sud ; dis, par où vas-tu aller ?

Près. Je vais disparaître dans les brumes. [*Sort* .

Cin. Je suis dans la journée. [*Masque Finis* .

Roi. Apportez des lumières là-bas . Mesdames, mettez la mariée au lit ;
On ne te verra pas couché, bonne nuit *Amintor* ,
          Nous vous soulagerons de cette fastidieuse cérémonie ;
Si c'était [mon] cas, je penserais que le temps passe lentement. Si tu es

noble, jeune homme, trouve-moi un garçon,
qui pourra défendre mon royaume contre mes ennemis.

Amine . Tout le bonheur à toi.

Roi . Bonne nuit *Mélanius* . [*Sort* .

Actus Secundus .

Entrent Evadne , Aspatia , Dula *et d'autres dames* .

Dul . Madame, devons-nous vous déshabiller pour ce combat ? Les guerres sont nues et vous devez les faire cette nuit .

Évad . Tu es très joyeuse *Dula* .

Dul . Je serais bien plus gaie, Madame, si c'était avec moi comme avec vous.

Éva . Pourquoi maintenant, fille ?

Dul . Venez mesdames, allez-vous m'aider ?

Éva . Je suis bientôt défait.

Dul . Et aussitôt fait : Un bon stock de vêtements vous dérangera dans les deux cas.

Évad . Es-tu ivre *Dula* ?

Dul . Pourquoi il n'y a personne d'autre que nous.

Évad . Tu penses belike , il n'y a pas de pudeur quand nous sommes seuls.

Dul . Je vous le promets, vous avez bien touché mes pensées.

Évad . Vous me piquez, madame.

Dul . C'est contre ma volonté,
bientôt tu devras endurer davantage et rester tranquille. Il vaut mieux s'entraîner .

Évad . Bien sûr, cette fille est folle.

Dul . Aucune foi, c'est un truc que j'ai depuis l'âge de quatorze ans.

Évad . Il est grand temps d'en sortir.

Dul . Non, maintenant je le garderai jusqu'à ce que le truc me quitte ;
Une douzaine de mots insensés mis dans votre tête, vous rendront vivant dans le lit de votre mari.

Évad . Non, la foi, alors prends-la.

Dul . Prenez-le Madame, où ? Nous tous, je l'espère, le prendrons ici.

Évad . Non, alors je vais vous le donner .

Dul . Ainsi ferai-je l' homme le plus capable de *Rhodes* , ou son cœur à prendre .

Évad . Veux-tu prendre ma place ce soir ?

Dul . Je tiendrai vos cartes contre deux personnes que je connais.

Évad . Que feras-tu ?

Dul . Madame, nous allons ne le fais pas , et fais-moi quitter le jeu aussi.

Évad . *Aspatia* , prends son parti.

Dul . Je le refuserai. Elle va arracher un côté, elle ne s'en sert pas.

Évad . Pourquoi faire.

Dul . Vous trouverez la pièce
rapidement, car votre tête repose bien ainsi.

Évad . Je te remercie, *Dula* , si tu pouvais insuffler
un peu de ta gaieté à *Aspatia* :
seules de tristes pensées habitent dans son cœur, je pense qu'un moyen
entre toi ferait bien.

Dul . Elle est amoureuse, pendez-moi si je l'étais,
Mais je pourrais diriger mon pays, j'aime aussi Faire ces choses que font les
amoureux.

Aspe . Si un sourire intemporel devait prouver ma joue,
C'était une heure plus juste pour moi de rire, Quand à l'autel les prêtres
religieux apaisaient les puissances offensées par des sacrifices, que
maintenant, cela aurait dû être ma nuit, et toutes vos mains ont été été
employé
à me donner une offrande impeccable au lit du jeune *Amintor* , comme nous
le sommes maintenant
pour vous : pardon *Evadne* , ma valeur
serait-elle aussi grande que la vôtre, ou que le roi, ou lui, ou les deux le
pensaient, peut-être qu'il me trouvait sans valeur, Mais jusqu'à ce qu'il le
fasse, dans mes oreilles (ces oreilles crédules) il a versé les mots les plus
doux
que l'art ou l'amour puissent formuler ; s'il était faux, pardonnez-le Dieu, et
si j'ai voulu la Vertu , vous pouvez le pardonner en toute sécurité aussi,
car je n'ai laissé aucun de ce que j'avais de vous.

Évad . Non, laissez ce triste discours, Madame.

Aspe . Si je le pouvais, alors devrais-je quitter la cause.

Évad . Voyez si vous n'avez pas gâté toute la gaieté *de Dulas* .

Aspe. Tu penses que ton cœur est dur, mais si tu es pris, souviens-toi de moi ; tu percevras soudain un feu tiré en toi.

Dul. Ce n'est pas si bon, tirons sur n'importe quoi sauf le feu, je crains que ce ne soit pas le cas.

Aspe. Eh bien, ma fille, tu peux être prise.

Évad. Mesdames, bonne nuit, je ferai le reste moi-même.

Dul. Non, laissez votre Seigneur faire quelque chose.

Aspe. Posez une guirlande sur mon corbillard du lugubre if.

Évad. C'est une de vos chansons tristes, Madame.

Aspe. Croyez-moi, c'est une très jolie pièce.

Évad. Comment ça va Madame ?

CHANSON.

Aspic_. Posez une guirlande sur mon corbillard d'if lugubre ;
Jeunes filles, branches de saule portent ; dis que je suis mort vrai : Mon Amour était faux, mais j'ai été ferme dès mon heure de naissance ; Sur mon corps enterré gisait de la terre légèrement douce.

Évad. Allez , Madame, les mots sont si étranges qu'ils
sont capables de faire rêver les Hobgobelins ; *Je ne pourrai jamais avoir le pouvoir* , Chante cette *Dula*.

Doula _. Je n'aurais jamais le pouvoir
D'en aimer un plus d'une heure, Mais mon cœur pousserait mes yeux Sur un autre homme à fuir ;_
Vénus, *fixe mes yeux bien,*
Ou sinon, donne-moi tout ce que je verrai enfin .

Évad. Alors, laisse-moi maintenant.

Doula. Non, nous devons vous voir couché.

Aspe. Madame, bonne nuit, que toutes les joies du mariage
que les demoiselles désireuses imaginent dans leur lit vous le prouvent ; qu'aucun mécontentement ne grandisse entre votre Amour et vous ; mais si c'est le cas, renseignez-vous auprès de moi, et je guiderai vos gémissements, vous apprendrai une manière artificielle de pleurer, pour garder votre chagrin éveillé ; n'aime pas plus ton Seigneur que moi ; mais si vous aimez si bien, hélas, vous pouvez lui déplaire, moi aussi. C'est la dernière fois que vous me regarderez : Mesdames adieu ; dès que je serai mort,
venez tous veiller une nuit autour de mon corbillard ;
Apportez à chacun une triste histoire et une larme

Pour l'offrir quand j'irai sur terre : Avec la flatteuse Ivie serrez mon cercueil autour, Écrivez sur mon front ma fortune, que ma bière naisse de vierges qui chanteront bien sûr
La vérité des servantes et parjures des hommes.

Évad . Hélas, je te plains. [*Sortie d'Evadné* .

Omnes . Madame, bonne nuit.

1 Dame . Venez, nous allons laisser entrer l' Époux .

Dul . Où est mon Seigneur ?

1 Dame . Tiens, prends cette lumière.

[*Entre Amintor* .

Dul . Vous la trouverez dans le noir.

1 Dame . Votre Dame n'a pas encore de lit, vous devez l'aider.

Aspe . Allez et soyez heureuse dans votre amour de Dame ;
Que tous les torts que vous m'avez fait soient complètement oubliés dans ma mort. Je ne vous dérangerai plus, mais je prendrai
un baiser d'adieu, et je ne le refuserai pas. Vous viendrez, mon Seigneur, et verrez les vierges pleurer
quand je serai couché sur terre, bien que vous-même ne puissiez connaître aucune pitié : ainsi je m'enroule dans
cette guirlande de saule, et je suis plus fier d'avoir été autrefois votre amour (bien que maintenant refusé)
Que d'en avoir eu un autre fidèle à moi. Ainsi, avec mes prières, je vous quitte et je dois essayer une manière encore inédite de pleurer et de mourir.

Dul . Venez mesdames, vous y allez ? *[Sortez d'Aspatie* .

Om . Bonne nuit mon Seigneur.

Amine . Beaucoup de bonheur à vous tous.

[Sortent Mesdames .

J'ai fait du mal à cette dame ; il me semble que je sens
son chagrin jaillir soudainement dans toutes mes veines ; Mes yeux courent
; c'est étrange à un moment pareil. C'est le roi qui m'a poussé à le faire le premier , mais il
n'a pas respecté ma volonté. Pourquoi suis-je
ainsi perplexe ? quelque chose me murmure :
Ne te couche pas ; ma culpabilité n'est pas si grande que ma propre
conscience (trop sensible) me le ferait penser ; Je n'ai fait que rompre une

promesse, et c'est le roi qui m'a forcé : chair craintive,
pourquoi trembles -tu ainsi ? chasser mes vaines peurs.

[*Entre Evadné* .

Là-bas, elle est, dont l' éclat des yeux
peut effacer le triste souvenir
de toutes ces choses : Oh mon *Evadne* , épargne
ce corps tendre, qu'il ne prenne pas froid, les vapeurs de la nuit ne
tomberont pas ici.
Au lit mon Amour; *Hymen* nous punira
pour être des interprètes paresseux de ses rites. Veux -tu m'appeler ?

Évad . Non.

Amine . Viens, viens mon Amour,
et perdons-nous les uns dans les autres. Pourquoi es-tu debout si longtemps
?

Évad . Je ne me sens pas bien.

Amin . Au lit, laisse-moi t'enrouler dans ces bras, jusqu'à ce que j'aie banni la
maladie.

Évad . Bon Dieu, je n'arrive pas à dormir.

Amine . *Evadne* , on va regarder, je veux dire pas de sommeil.

Évad . Je ne vais pas me coucher.

Amine . Je t'en prie.

Évad . Je ne le ferai pour rien au monde.

Amine . Pourquoi mon cher Amour ?

Évad . Pourquoi? J'ai juré de ne pas le faire.

Amine . Juré!

Évad . JE.

Amin . Comment? *Evadné* jurée ?

Évad . Oui, juré *Amintor* , et je jurerai encore si vous souhaitez m'entendre. 0
Amine . À qui as-tu juré cela ?

Évad . Si je devais le nommer, ce n'était pas grave.

Amine . Allons, ce n'est que la timidité d'une épouse.

Évad . La timidité d'une mariée ?

Amine . Comme ce froncement de sourcils te va bien !

Évad. Est-ce que tu l'aimes ainsi ?

Amine. Tu ne peux pas habiller ton visage d'un tel regard Mais cela me plaira.

Évad. Quel look vous ressemble le plus ?

Amine. Pourquoi demandez-vous?

Évad. Pour que je puisse vous en montrer une qui vous plaise moins.

Amine. Comment ça ?

Évad. Pour que je puisse vous en montrer une qui vous plaise moins.

Amin. Je te prie de mettre tes plaisanteries en regards plus doux. Cela montre que tu étais en colère.

Évad. Alors peut-être que je le suis effectivement.

Amin. Pourquoi, qui t'a fait du mal ?
Nommez-moi cet homme, et par vous-même, je jure que, par votre moi encore invaincu , je te vengerai.

Évad. Maintenant, je vais tester ta vérité ; si tu m'aimes,
tu ne pèses rien comparé à moi;
La vie, l'honneur , les joies éternelles, tous les délices
Ce monde peut céder, ou les gens pleins d'espoir feignent, Ou dans la vie à venir, sont légers comme l'air Pour un véritable Amant quand sa Dame fronce les sourcils, Et lui ordonne de faire ceci : veux-tu tuer cet homme ? Jure mon *Amintor* , et j'ôterai le péché de
tes lèvres.

Amine. Je ne jurerai pas mon doux amour,
jusqu'à ce que j'en connaisse la cause.

Évad. Je le voudrais, tu le ferais ;
Eh bien, c'est toi qui me fais du tort , je te hais,
tu aurais dû te suicider .

Amin. Si je le savais, je devrais rapidement tuer
l'homme que tu détestais.

Évad. Sachez-le alors et ne le faites pas .

Amin. Oh non, quel air tu auras donc,
Pour éprouver ma foi, je ne te croirai pas faux ; Je ne trouve pas une seule tache sur ton visage, où le mensonge devrait demeurer : pars et couche-toi ;
Si vous avez juré à l'une des vierges qui étaient vos anciennes compagnes de préserver votre virginité une nuit, cela peut se faire sans ce moyen.

Évad. Un *Amintor de Maidenhead* à mes années ?

Amin. Bien sûr , elle délire, cela ne peut pas être
ton tempérament naturel ; dois-je appeler tes servantes ? Ou bien ton
sommeil salutaire t'a laissé longtemps, Ou bien une certaine fièvre fait rage
dans ton sang.

Évad. Ni *Amintor* ; tu penses que je suis fou,
parce que je dis la vérité ?

Amin. Ne veux-tu pas coucher avec moi cette nuit ?

Évad. Ce soir ? vous parlez comme si je le ferais désormais.

Amin. Ci-après, par la suite? oui je le fais.

Évad. Vous êtes trompé , découragé d'étonnement, et notez avec patience
ce que je dirai, car l'Oracle ne sait rien de plus vrai, ce n'est pas pour une
nuit ou deux que je m'abstiens de ton lit, mais pour toujours .

Amin. Je rêve, réveille *Amintor* !

Évad. Tu entends bien,
je découvrirai plus tôt les lits des serpents, et de mon sang de jeunesse
réchaufferai leur chair froide, les laissant s'enrouler autour de mes membres,
plutôt que de dormir une nuit avec toi ; ce n'est pas feint , et
cela ne ressemble pas non plus à la timidité d'une mariée.

Amine. La chair est-elle si terrestre pour supporter tout cela ?
Est-ce que ce sont les joies du mariage ? *Hymen* garde
cette histoire (qui fera que les jeunes qui réussiront négligeront tes
cérémonies) de toutes les oreilles. Qu'il ne se lève pas pour ta honte et la
mienne Après des siècles ; nous mépriserons tes lois, si tu ne fais pas mieux
de les bénir ; touche le cœur de celle que tu m'as envoyée, ou le monde
saura qu'il n'y a pas d'autel qui fumera
en ta louange ; nous nous adopterons des Fils ;
Alors la vertu héritera, et non le sang :
si nous désirons, nous prendrons la prochaine fois que nous nous
rencontrerons,
nous servant nous-mêmes comme le font les autres créatures,
et ne ferons plus jamais attention à la femelle, ni à sa descendance. Je rage
en vain, elle ne peut que plaisanter ; Oh! pardonne-moi mon Amour ; Les
pensées que je porte à ton sujet sont si chères qu'il me faut éclater ; satisfais
ma peur :
C'est une douleur au-delà de la main de la mort, D'être dans le doute ;
confirmez-le par un serment, si cela est vrai.

Évad. Inventez-vous la forme :
qu'il y ait dedans tous les mots contraignants que les diables et les
conjurateurs peuvent mettre ensemble, et je la prendrai ; J'ai juré
auparavant, et ici, par toutes choses saintes, recommence, de ne jamais
connaître ton lit. Votre doute est-il terminé maintenant ?

Amin. J'en sais trop, aurais-je encore douté ;
Y a-t-il déjà eu une nuit de noces comme celle-ci ! Vous, puissances d'en
haut, si vous avez jamais voulu dire que l'homme devrait être utilisé ainsi,
vous avez pensé à la façon
dont il peut se comporter et sauver son honneur :
Instruisez-moi là-dessus ; car, à mes yeux ennuyeux, il n'y a pas de voie
mesquine, ni modérée à suivre, je dois vivre méprisé , ou être un meurtrier :
y en a-t-il une troisième ? pourquoi cette nuit est-elle si calme ? Pourquoi le
Ciel ne nous parle-t-il pas dans le tonnerre, Et ne couvre-t-il pas sa voix ?

Évad. Cette rage ne servira à rien.

Amin. *Evadne* , écoute-moi, tu as prêté un serment,
mais si téméraire, que le tenir était pire que de le jurer ; rappelle-le toi ; De
tels vœux ne montent jamais au ciel ; Une larme ou deux l'effaceront
complètement : Aie pitié de ma jeunesse, de ma jeunesse pleine d'espoir, Si
tu es pitoyable, car (sans te vanter) Cette terre était fière de moi : quelle
Dame y avait-elle Que les hommes appelaient belle et vertueuse en cette île,
qui aurait fui mon amour ? C'est en toi
De me faire tenir cette valeur... Oh ! nous, hommes vains
, qui faisons confiance à toute notre réputation,
pour nous reposer sur la main faible et cédante de femmes faibles ! mais tu
n'es pas une pierre ; Ta chair est douce, et dans tes yeux habite l'esprit
d'Amour, ton cœur ne peut pas être dur. Viens me conduire du fond du
désespoir, À toutes les joies que tu as ; Je sais que tu le feras ;
Et faites-moi attention, de peur qu'un changement soudain ne vienne à
mon moral.

Évad. Quand je rappelle ce Serment, les douleurs de l'enfer m'envahissent .

Amine. Je dors et je suis trop sobre ; viens te coucher, ou par
ces cheveux qui, si tu as une âme semblable à tes mèches, étaient des fils
que les rois portaient autour de leurs bras.

Évad. Pourquoi, peut-être qu'ils le sont.

Amin. Je vais te traîner jusqu'à mon lit, et faire que ta langue
défait ce méchant serment, ou sur ta chair j'imprimerai mille blessures pour
laisser échapper la vie.

Évad . Je ne te crains pas, fais de moi ce que tu oses ;
Chaque parole grossière ou chaque regard
menaçant que vous me montrerez sera pleinement vengé .

Amin . Il ne sera pas sûr *d'Evadne* .

Évad . Ne prenez pas ce risque.

Amin . Ha'ye vos champions?

Évad . Hélas *Amintor* , penses- tu que je m'abstiens
de coucher avec toi, parce que j'ai revêtu la rigueur d'une jeune fille ?
regarde ces joues, et tu trouveras le sang brûlant et montant, impropre à un
tel vœu ; non, dans ce cœur habitent autant de désir et autant de volonté
de mettre cet acte en pratique, que la femme a jamais connu jusqu'à présent,
et ils ont été montrés tous deux ; mais ce fut la folie de ta jeunesse que de
penser que cette beauté (à quel pays elle
sera appelée) s'abaissera à tout moment.
J'apprécie le meilleur, et dans cette hauteur J'ai juré de rester debout ou de
mourir : vous devinez l'homme.

Amin . Non, fais-moi connaître l'homme qui m'a fait tant de tort,
afin que je puisse couper son corps en morceaux, et le disperser devant le
vent du nord.

Évad . Vous n'osez pas le frapper.

Amin . Ne me faites pas de tort ainsi ;
Oui, si son corps était une plante
venimeuse , Que c'était la mort à toucher, j'ai une âme
Me jettera sur lui.

Évad . Pourquoi c'est le roi.

Amin . Le roi!

Évad . Que ferez-vous maintenant?

Amin . Ce n'est pas le roi.

Évad . Quoi, il a fait ce match pour l'ennuyeux *Amintor* ?

Amin . Oh! tu as nommé un mot qui efface
toutes les pensées vengeresses : dans ce nom sacré, le Roi, réside une
terreur : quel homme fragile ose lever la main contre elle ? que les dieux lui
parlent quand ils veulent ; En attendant, souffrons et attendons.

Évad . Pourquoi devriez-vous vous remplir si de chaleur,
et vous précipiter si vite vers mon lit ? Je ne suis pas vierge.

Amin . Quel diable t'a alors mis en fantaisie
de m'épouser ?

Évad . Hélas, je dois en avoir un
pour père d'enfants et pour me porter le nom de mari, afin que mon péché
soit plus honorable .

Amin . Quelle chose étrange je suis !

Évad . Un misérable; celui pour lequel je suis désolé.

Amin . Pourquoi le montrer alors en ceci :
Si tu as de la pitié, même si ton amour n'est pas nul, tue-moi, et tous les
vrais amants qui vivront dans les siècles à venir croîtront dans leurs désirs,
béniront ta mémoire et t'appelleront bon, parce qu'une telle miséricorde est
en toi. ton cœur a été trouvé, pour débarrasser un misérable persistant .

Évad . Il me faut en avoir un
pour remplir à nouveau ta chambre, si tu étais mort, sinon cette nuit je le
ferais : je te plains.

Amin . Ces blessures étranges et soudaines se sont abattues
sur moi si profondément que j'ai perdu tout sens de ce qu'elles sont. Il me
semble que je n'ai pas tort ,
et cela ne devrait pas non plus être le cas, si du monde qui me censure je ne
peux que le cacher. Réputation, tu es un mot, pas plus ; mais tu as fait
preuve d'une telle impudence que, devant le monde, je crains que tu ne te
trahisses ou que tu ne te fasses honte.

Évad . Pour couvrir la honte que je t'ai prise, ne crains jamais
que je m'enflamme .

Amin . Ne laissez pas non plus le roi
savoir que je conçois qu'il me fait du tort, alors mon honneur
me poussera à l'action, que ma chair pourrait supporter avec patience ; et
c'est une certaine facilité pour moi dans ces extrêmes , de savoir cela
avant de te toucher ; autrement, si tous les péchés de l'humanité s'étaient
tenus entre moi et le roi, je
les aurais traversés jusqu'à son cœur et au tien.
J'ai perdu un désir, ce n'est pas sa couronne qui m'achètera dans ton lit :
maintenant je décide qu'il t'a déshonoré ; donne-moi ta main,
fais attention à ton crédit, et ferme-toi au péché, c'est tout ce que je
souhaite ; sur ton sol de Chambre
            Je me repose ce soir, ce matin-là, les visiteurs
peuvent penser que nous avons fait comme les gens mariés. Et tu me souris
quand ils viennent,

et tu sembles jouer, comme si tu avais été satisfait
de ce que nous avons fait.

Évad. N'ayez crainte, je vais le faire.

Amin. Venez, pratiquons -nous , et aussi librement
que jamais les mariés aimants se sont rencontrés,
rions et entrons ici.

Évad. Je suis content.

Amin. En bas de tous les gonflements de mon cœur troublé.
Quand nous marcherons ainsi enlacés , que tous les yeux voient
si jamais les amoureux feraient mieux d'être d'accord.

[*Sortie* .

Entrer Aspatie , Antiphila *et* Olympias.

Aspe. Loin, tu n'es pas triste, ne force pas plus ;
Bons Dieux, comme vous êtes bien ! une tenue si colorée
pour les jeunes mariées timides : bien sûr, vous êtes nouvellement mariée.

Fourmi. Oui Madame, à votre grand regret.

Aspe. Hélas! pauvres filles.
Allez d'abord apprendre à aimer, apprenez à vous perdre, Apprenez à être
flatté, et croyez, et bénissez La double langue qui l'a fait ; Faites une foi des
miracles des anciens amoureux. N'êtes-vous pas encore amoureuses des
filles ? parle *Olympias* ,
comme dire la vérité et mourir non ,
et comme moi, croyez tous fidèles et soyez malheureux ; Tu as un caractère
facile , digne du cachet.

Olympe. Jamais.

Aspe. Ni vous, *Antiphila* ?

Fourmi. Ni moi.

Aspe. Alors mes bonnes Filles , soyez plus que Femmes, sages.
Soyez au moins plus que moi ; et assurez-vous de créditer devant un
homme toute
chose à laquelle la lumière éclaire ; Croyez plutôt
que la mer pleure le marchand ruiné quand il
rugit ; plutôt le vent court mais les voiles enceintes quand les solides
cordages craquent ; le soleil ne vient plutôt que pour embrasser les fruits
dans le riche automne, quand tout tombe en ruine ; si vous avez besoin
d'aimer (forcé par le malheur),
prenez dans vos seins de jeune fille deux aspicks morts et froids ,

et d'eux font des amants, ils ne peuvent ni flatter ni renoncer ; un baiser fait
une longue paix pour tous ; mais mec, oh cet homme bête ! Venez soyons
tristes mes Girles ;
Ce regard baissé, *Olympias* ,
montre une belle tristesse ; Mark *Antiphila* ,
Une telle autre était la Nymphe *Œnone* ,
Quand *Pâris* ramena *Hélène à la maison* : maintenant une larme,
Et puis tu es un morceau exprimant pleinement La Reine *de Carthage* ,
quand d'un rocher froid de la mer,
Pleine de son chagrin, elle attacha fermement ses yeux
Aux beaux navires *troyens* , et les ayant perdus,
Comme tes yeux, tu as volé une larme, *Antiphila* ;
Que ferait cette Fille, si elle était *Aspatia* ?
Elle resterait ici, jusqu'à ce qu'un Dieu plus compatissant la transforme en
marbre : c'est assez, ma fille ;
Montre-moi le travail à l'aiguille que tu as réalisé.

Fourmi . D' *Ariane* , Madame ?

Aspe . Oui, ce morceau.
Ce devrait être *Thésée* , il a un visage apaisant ,
tu le pensais pour un homme.

Fourmi . Il l'était tellement Madame.

Aspe . Pourquoi donc, c'est bien, ne regarde jamais en arrière.
Tu as un vent plein et un cœur faux *Thésée* ;
L'histoire ne dit-elle pas que sa quille était fendue, ou ses mâts épuisés, ou
une sorte de roche ou autre rencontrée avec son navire ?

Fourmi . Pas si je me souviens bien.

Aspe . Il aurait dû en être ainsi ; Les dieux pourraient-ils le savoir,
sans que tous leurs nombreux ne soulèvent une tempête ? Mais ils sont tous
aussi malades. Ce faux sourire était bien exprimé ;
C'est justement un autre qui m'a attrapé ; tu n'iras pas ainsi *Antiphila* .
Dans cet endroit travaille un sable mouvant, et par-dessus une eau peu
profonde et souriante. Et son bateau le labourait, et puis une peur. Faites
cette peur à la jeune fille de la vie.

Fourmi . Ce sera une erreur dans l'histoire.

Aspe . « Cela fera que l'histoire sera fausse par des poètes insensés. Vivez
longtemps et soyez cru ; mais où est la Dame ?

Fourmi . Voilà Madame.

Aspe . Fie, tu l'as vu ici *Antiphila* ,
tu te trompes beaucoup, jeune fille ; Ces couleurs ne sont pas assez ternes et assez pâles
pour montrer une âme aussi pleine de misère que l'était cette triste dame ;
faites-le par moi, refaites-le par moi l' *Aspatia perdue* ,
et vous trouverez tout vrai sauf l'île sauvage ; Je me tiens maintenant sur la brèche de la mer, et je pense que
mes bras ainsi, et mes cheveux emportés par le vent, sont
aussi sauvages que ce désert , et que tout autour de moi
dise que je suis abandonné, fais mon visage.

(Si jamais tu as éprouvé un chagrin)
Ainsi, ainsi, *Antiphila* s'efforce de me faire ressembler
à un monument aux chagrins ; et les arbres autour de moi, qu'ils soient secs et sans feuilles ; que les rochers
gémissent avec des vagues continuelles, et derrière moi fassent tout une désolation ; regardez, regardez les filles, une vie misérable de ce pauvre tableau.

Olympe . Chère madame!

Aspe . J'ai fait, asseyons-nous, et fixons
sur ce point tous nos yeux, ce point là ; Faites un silence sourd jusqu'à ce que vous ressentiez une tristesse soudaine. Donnez-nous de nouvelles âmes. [*Entre Calianax* .

Cal . Le roi peut faire cela, ou il ne peut pas le faire ;
Mon enfant a tort , il est déshonoré : eh bien, et maintenant, maris ?
Quoi à votre aise ? est-ce le moment de rester assis ? debout, jeunes putes paresseuses, debout ou je vais je t'ai balancé .

Olympe . Non, mon Dieu.

Cal . Vous allez vous allonger sous peu, vous mettre à l'intérieur et travailler ;
Pourquoi es-tu si reposé ? vous voulez des oreilles,
nous demanderons à certains garçons de la cour de faire ce travail.

Fourmi . Monseigneur, nous ne faisons pas plus que ce qui nous est demandé :
c'est le plaisir des dames que nous soyons ainsi dans le chagrin ; Elle est abandonnée.

Cal . Il y a aussi un Voleur,
Un jeune esclave dissimulé ; eh bien, entrez, je vais me disputer avec ce garçon ; il est grand temps
maintenant d'être vaillant ; J'avoue que ma jeunesse n'a jamais été ainsi :

quoi, fait un âne ? Une Cour obsolète ? eh bien, je serai vaillant, et je battrai
quelques douzaines de ces dragonnets ; Je vais; et il y en a un autre , un
soldat infidèle et infidèle ,
   Je vais attaquer ce coquin qui m'a surpassé deux fois ;
Mais maintenant je remercie les dieux de ma vaillance ; Allez, montez, je
vais suivre un cours avec tous.

[*Sort Omnes* .

Actus Tertius .

Entrent Cléon, Straton , Diphilus .

Clé . Votre sœur n'est pas encore debout.

Diplôme . Oh, les mariées doivent se reposer le matin, la nuit est pénible.

Stra . Mais pas fastidieux.

Diplôme . Quelles chances qu'il n'ait pas la tête de jeune fille de mes
sœurs ce soir ?

Stra . Non, il y a peu de chances qu'un époux soit en vie, il
   il ne l'aura pas de son vivant.

Diplôme . Vous êtes joyeux avec ma Sœur , vous me ferez plaisir de
me laisser la même liberté avec votre Mère.

Stra . Elle est à votre service.

Diplôme . Alors elle est assez gaie d' elle-même , elle n'a pas besoin de
chatouilles ; frapper à la porte.

Stra . Nous allons les interrompre.

Diplôme . Peu importe, ils ont l'année devant eux. Bonjour ma sœur;
épargnez -vous aujourd'hui , la nuit reviendra.

[*Entre Amintor* .

Amin . Qui est là, mon frère ? Je ne suis pas encore plus prêt,
votre sœur ne l'est que maintenant.

Diplôme . Vous avez l'air d'avoir perdu la vue cette nuit ; Je
pense que tu n'as pas dormi.

Amin . Je crois que non.

Diplôme . Tu as fait mieux alors.

Amin . Nous nous sommes aventurés pour un garçon ; quand il aura douze
ans,
il commandera contre les ennemis de *Rhodes* .

Stra . Vous ne pouvez pas, vous voulez dormir.

[À part .

Amin . C'est vrai ; mais elle,
comme si elle avait bu *du Léthé* , ou avait fait
un accord avec le ciel, trouva un sommeil si doux, si doux et si profond.

Diplôme . Qu'est ce que c'est?

Amin . Votre sœur s'inquiète ce matin et tourne ses yeux vers moi, comme
on regarde son bourreau ; elle m'irrite, m'embrasse, et m'irrite encore, et me
frappe les joues ; elle est dans un autre monde.

Diplôme . Ensuite, j'avais perdu; J'étais sur le point de coucher, tu n'avais pas
eu sa tête de jeune fille ce soir.

Amin . Ha! il ne se moque pas de moi ; vous aviez effectivement perdu ;
Je n'ai pas l'habitude de gâcher.

Cléo . Vous la méritez.

Amin . J'ai posé mes lèvres sur les siennes, et cette haleine sauvage qui m'a
été impolie et dure la nuit dernière.

[_De côté.

C'était doux comme *avril* ; Je serai coupable aussi,
si tels sont les effets.

[*Entre Mélance* .

Mél . Bonjour *Amintor* , car pour moi le nom
de Frère est trop lointain ; nous sommes amis, et c'est plus proche.

Amin . Cher *Mélance* !
Laisse-moi te voir ; Est-il possible?

Mél . De quel regard soudain s'agit-il ?

Amin . C'est merveilleusement étrange.

Mél . Pourquoi ton œil désire-t-il une vision si stricte
de ce qu'il connaît si bien ? Il n'y a rien ici qui ne t'appartienne pas.

Amin . Je m'étonne beaucoup *de Melantius* ,
de voir ces nobles regards qui me font penser combien tu es vertueux ; et
tout d'un coup
, cela me semble étrange que tu devrais avoir de la valeur et de l'honneur ,
ou ne pas être vil, faux, et traître, et tout mal. Mais-

Mél . Reste, reste mon Ami,
je crains que ce son ne devienne pas nos amours ; pas plus, embrasse-moi.

Amin . Oh, ne vous méprenez pas ;
Je sais que tu es plein de toutes ces actions que nous, hommes fragiles,
appelons bonnes : mais par le cours de la nature tu devrais être aussi
rapidement changé
que le sont les vents, dissimulés comme la mer, qui porte maintenant des
sourcils aussi lisses que le sont les vierges. , Tentant le marchand d'envahir
son visage, et en une heure appelle ses vagues, et les tire sur le soleil,
détruisant tout
ce qu'il porte sur lui. Oh, à quel point suis-je proche

[*À part* .

Pour exprimer mes pensées malades!

Mél . Mais pourquoi, mon ami, devrais-je l'être par nature ?

Amine . J'ai épousé ta sœur , qui a des pensées
vertueuses Assez pour une famille entière, et il est étrange que tu ne
ressentes aucun besoin.

Mél . Croyez-moi, ce complément est trop astucieux pour moi.

Diplôme . Que devrais-je donc être par le cours de la nature, Ils m'ayant tous
deux volé tant de vertu ?

Strate . O appelle la Mariée, mon Seigneur *Amintor* , afin que nous puissions
la voir rougir et baisser les yeux ; c'est le plus beau sport.

Amine . *Evadné* !

Évad . Mon Seigneur! [*À l'intérieur* .

Amin . Sortez mon Amour,
vos frères sont présents pour vous souhaiter de la joie.

Évad . Je ne suis pas encore prêt.

Amin . Assez assez.

Évad . Ils vont se moquer de moi.

Amin . Foi, tu entreras.

[*Entre Evadné* .

Mél . Bonjour ma sœur; celui qui comprend
celui que vous avez épousé n'a pas besoin de vous souhaiter de la joie. Vous
en avez assez, faites attention, ne soyez pas fier.

Diplôme . Ô ma sœur, qu'as-tu fait !

Évad . J'ai fait ! pourquoi, qu'ai-je fait ?

Strate . Monseigneur *Amintor* jure que vous n'êtes plus une servante maintenant.

Évad . Pousser!

Strate . Je crois qu'il le fait.

Évad . Je savais que je devrais me moquer .

Diplôme . Avec une vérité.

Évad . Si c'était à refaire, en toute foi, je ne me marierais pas.

Amin . Pas moi, par le Ciel. [*À part* .

Diplôme . Ma sœur, Dula jure qu'elle t'a entendu pleurer à deux pièces de là.

Évad . Fi comme tu parles !

Diplôme . On se voit marcher.

Évad . Par ma foi, tu es gâté .

Mél . *Amitor* !

Amin . Ha!

Mél . Tu es triste.

Amin . Qui moi ? Je vous en remercie, *Diphilus* , toi et moi, allons-nous chanter une chanson ?

Mél . Comment!

Amin . Prétoi allons .

Mél . Non, c'est trop dans l'autre sens.

Amin . Je suis si éclairée de mon bonheur : comment aimes-tu ? embrasse-moi.

Évad . Je ne peux pas t'aimer , tu racontes des histoires sur moi.

Amin . Rien que ce qui nous convient : Messieurs,
voudriez-vous avoir toutes ces femmes, et tout le monde, pour que je ne
sois pas étonnant ; vous êtes tous tristes ;
Quoi, tu m'envies ? Il me semble que je marche
sur l'eau, et je ne coule pas, je suis si léger.

Mél . C'est bien que tu l'es.

Amin . Bien? comment puis-je être autre, quand elle a cette apparence ? Il n'y a pas de musique là-bas ? allons danser.

Mél . Pourquoi? c'est étrange, *Amintor* !

Amin . Je ne me connais pas moi-même ; Pourtant, j'aurais aimé que ma joie soit moindre.

Diplôme . Je me marierai aussi, si cela permet d'en faire un.

Évad . *Amintor* , écoute. [*À part* .

Amin . Que dit mon Amour ? Je dois obéir.

Évad . Si vous le faites de façon sordide, cela sera perçu .

Clé . Mon Seigneur le Roi est ici.

[*Entrent King et Lysi* .

Amin . Où?

Stra . Et son frère .

Roi . Bonjour à tous.
   Amintor , la joie continue, la joie tombe sur toi !
Et Madame, vous avez changé depuis que je vous ai vue,
il faut que je vous salue ; vous êtes maintenant un autre ;
Comment te sens- tu, tes nuits de repos ?

Évad . Mauvais Monsieur.

Amin . JE! ' acte qu'elle a pris mais peu.

Lys . Vous la laisserez prendre davantage et vous la remercierez bientôt.

Roi . *Amintor* , étais-tu vraiment honnête jusqu'à ce que tu sois marié ?

Amin . Oui Monsieur.

Roi . Dis-moi donc, que te montre ce sport ?

Amin . Pourquoi bien.

Roi . Qu'est-ce que tu as fait?

Amin . Ni plus ni moins que ce que les autres couples utilisent ;
Vous savez ce que c'est ; il n'a qu'un nom de cours.

Roi . Mais avant toi , je devrais penser à son œil au beurre noir,
Et à sa joue rouge, qu'elle devrait être rapide et remuante Dans cette même
affaire, hein ?

Amin . Je ne peux pas le dire, je ne suis pas j'ai essayé autre Monsieur, mais je vois
qu'elle est aussi rapide que vous l'avez livré.

Roi . Eh bien, tu me feras confiance alors *Amintor* ,
pour choisir une femme pour toi agen ?

Amin . Non, jamais Monsieur.

Roi . Pourquoi? comme toi, si malade ?

Amin . Tellement bien, je l'aime bien.
Pour cela, je fléchis le genou pour vous remercier, et au ciel je rendrai mon hommage reconnaissant toutes les heures, et j'espère que nous mènerons ici une longue vie heureuse ensemble, et que nous mourrons tous les deux pleins de cheveux gris en un seul jour ; C'est pour cela que vous êtes reconnaissants ; mais si les puissances qui nous gouvernent, s'il vous plaît, appelez-la d'abord, sans fierté, ce monde n'a pas d'épouse digne de prendre sa chambre.

Roi . Je n'aime pas ça; abstenez-vous tous de la chambre,
sauf vous, *Amintor* et votre Dame. J'ai un discours avec
Toi, qui concernera peut-être ton après-midi. *Amin* . Il ne me dira pas qu'il couche avec elle : s'il
le fait ,
quelque chose de céleste retiendra mon cœur, car je serai susceptible de pousser mon bras à des actes illégaux.

Roi . Vous me permettrez de parler avec son *Amintor* ,
et de ne pas avoir un pincement au cœur de jalousie !

Amin . Monsieur, j'ose faire confiance à ma Femme
Avec qui elle ose parler, et ne pas être jalouse.

Roi . Comment aimez-vous *Amintor* ?

Évad . Comme je l'ai fait Monsieur.

Roi . Comment ça !

Évad . Comme quelqu'un qui veut accomplir votre volonté et votre plaisir, j'ai donné l'autorisation de m'appeler Épouse et Amour.

Roi . Je vois qu'il n'y a pas de foi durable dans le péché ;
Ceux qui rompent parole avec le Ciel rompront à nouveau avec le monde entier, et toi aussi avec moi.

Évad . Comment Monsieur ?

Roi . Ce subtil L'ignorance
des femmes ne vous excusera pas ; tu as prêté des serments si grands que je pensais qu'ils ne convenaient pas à la bouche d'une femme , pour que tu ne puisses jouir
d'un homme autre que moi.

Évad . Je ne l'ai jamais juré ; tu me fais du mal.

Roi . Jour et nuit, je l'ai entendu.

Évad . J'ai juré en effet que je n'aimerais jamais
Un homme de rang inférieur ; mais si votre fortune vous jetait de cette
hauteur, je vous ai dit de croire que je vous abandonnerais et que je me
pencherais vers celui qui a gagné votre trône ; J'aime avec mon ambition,
Pas avec mes yeux ; mais si jamais je
       Touchez aucune autre lumière de lèpre ici
sur mon visage, que je ne tacherais pas pour votre royauté.

Roi . Pourquoi tu dissimules , et c'est à moi de te punir.

Évad . Eh bien, c'est donc en moi de ne pas vous aimer, ce qui affligera
votre corps plus que votre châtiment ne peut le mien.

Roi . Mais tu as laissé *Amintor* coucher avec toi.

Évad . Je ne l'ai pas fait .

Roi . Impudence! il le dit lui-même.

Évad . Il ment .

Roi . Il ne fait pas.

Évad . C'est à cette lumière qu'il le fait, étrangement et bassement, et
       Je vais le prouver ; Je ne l'ai pas évité une nuit,
mais je lui ai dit que je ne fermerais jamais avec lui.

Roi . Parlez plus bas, c'est faux.

Évad . Je ne suis pas homme à répondre par un coup ;
Ou si je l'étais, tu es le roi ; mais ne m'encouragez pas, c'est tout à fait vrai.

Roi . Ne connais-je pas les pensées
incontrôlées que la jeunesse apporte avec lui, quand son sang est haut
avec l'attente et les désirs de ce qu'il attend depuis longtemps ? Son esprit,
bien qu'il soit tempéré, n'est-il pas d'une souche vaillante, comme notre
siècle l'a connu ? que pourrait-il faire, si un discours aussi soudain avait
touché son sang, sinon te ruiner pour toujours ? s'il ne t'avait pas tué ,
il ne pourrait pas le supporter ainsi ; il est comme nous, ou comme tout
autre homme lésé .

Évad . C'est dissimuler.

Roi . Prend le; adieu ; désormais je suis ton ennemi ; Et quelles hontes puis-
je t'effacer, cherche.

Évad . Restez Monsieur ; *Amintor* , tu entendras, *Amintor* .

Amin . Ce que mon amour?

Évad. *Amintor*, tu as un regard ingénieux,
et tu devrais être vertueux ; cela m'étonne que
tu puisses faire des mensonges aussi vils et malveillants .

Amin. Quoi ma chère épouse ?

Évad. Chère femme! Je te méprise ;
Eh bien, rien n'est plus vil que de semer la discorde entre les amoureux.

Amin. Les amoureux! OMS?

Évad. Le roi et moi.

Amin. Ô Ciel !

Évad. Qui devrait vivre longtemps et aimer sans dégoût,
si ce n'était pour des remerciements tels que toi-même ? As-tu menti avec
moi ? jure maintenant, et sois puni en enfer
pour cela.

Amin. Le péché infidèle que j'ai commis
contre la belle *Aspatie* n'est pas encore vengé ;
il me suit ; Je ne perdrai pas un mot Pour cette Femme sauvage ; mais à toi
mon roi, l'angoisse de mon âme fait ressortir cette vérité : tu es un tyran ; et
ce n'est pas tant de faire du tort
à un honnête homme que de s'enorgueillir d'en parler avec lui.

Évad. Maintenant, monsieur, voyez à quel point cet homme a menti .

Amin. Toi qui sais comment faire le mal, tu devrais savoir comment
les hommes doivent se redresser : quel châtiment est dû de moi à celui qui
abusera de mon lit ! Ce n'est pas la mort ; cela ne peut pas non plus être
satisfaisant ,
à moins que je n'envoie vos vies à travers tout le pays, pour montrer
combien noblement je me suis libéré .

Roi. Ne tire pas ton épée, tu sais que je ne peux pas craindre
la main d'un sujet ; mais tu en ressentiras le poids
si tu es en colère.

Amin. Le poids de ça ?
Si vous avez quelque valeur, pour l'amour du ciel , pensez
que je ne crains pas les épées ; car, comme vous n'êtes qu'un simple
homme,
j'ose vous tuer pour cet acte aussi facilement
que vous osez penser à le faire ; mais il y a une Divinité autour de vous, qui
éteint mes passions naissantes, comme vous êtes mon roi, je tombe devant
vous et présente mon épée pour couper ma propre chair, si telle est votre
volonté. Hélas! Je ne suis qu'une multitude De chagrins ambulants ; mais si

je vous assassinais ,
je pourrais, devant le monde, prendre l'excuse de la folie : car comparez
mes blessures, et elles sembleront bien être un poids trop triste pour que la
raison puisse le supporter ; mais je tombe le premier parmi mes douleurs,
avant que ma main perfide ne touche les choses saintes : mais pourquoi ? Je
ne sais pas ce que j'ai à dire ; pourquoi m'as-tu choisi pour rendre ainsi
misérable ? il y avait des milliers d'imbéciles sur lesquels il était facile de
travailler, et suffisamment d'état dans l'île.

Évad . Je ne voudrais pas me tromper, ce n'était pas un mérite pour moi.

Amin . De pire en pire!
Toi qui oses parler ainsi à ton mari,
déclare-toi putain ; et plus que cela, décidez d'être ainsi tranquille ; c'est
mon destin De supporter et de m'incliner sous mille chagrins, De garder ce
peu de crédit auprès du monde. Mais il y en avait aussi des sages, vous
auriez pu en prendre
un autre.

Roi . Non; car je te crois honnête, comme tu as été vaillant.

Amin . Tout le bonheur
        Accordé à moi, cela se transforme en disgrâce ;
Dieux reprennent votre honnêteté, car j'en suis chargé ; bon monseigneur le
roi, soyez discret là-dessus.

Roi . Tu peux vivre *Amintor ,*
libre comme ton roi, si tu veux bien faire un clin d'œil à cela, et être un
moyen pour que nous puissions nous rencontrer en secret.

Amin . Un Baud ! retiens ma poitrine, une malédiction amère
saisis-moi, si je n'oublie pas tous les respects qui sont religieux, sur un autre
mot sonnait comme ça, et à travers une mer de péchés
pataugerai vers ma vengeance, même si je devrais appeler
des douleurs ici, et après la vie sur mon âme.

Roi . Eh bien, je suis résolu à ce que vous ne couchiez pas avec elle,
alors laissez-vous.

[*Sortie du Roi .*

Évad . Vous devez bavarder et voir ce qui suit.

Amin . Ne me contrarie pas.
Laissez-moi, j'ai peur qu'un sursaut soudain ne me fasse un meurtre .

Évad . Je suis parti; J'aime bien ma vie.

[*Sortie d'Evadné .*

Amin . Je déteste autant le mien.
C'est pour rompre un serment ; Je serais heureux si toute cette vague de
chagrin me rendait fou.

[*Sortie* .

Entre Mélance .

Mél . Je connaîtrai la cause de tous les chagrins *d'Amintors* , sinon l'amitié
sera vaine.

[*Entre Calianax* .

Cal . Ô *Mélance* , ma Fille va mourir.

Mél . Croyez-moi, je suis désolé ; aurais -tu prends sa chambre.

Cal . Tu es un esclave, un esclave acharné, un esclave sanglant et perfide.

Mélane . Prends garde, vieil homme, on t'entendra délirer,
et tu perdras tes offices.

Cal . J'ai grandi vaillamment
pendant toutes ces années, et tu n'es qu'un esclave.

Mél . Pars, de la compagnie viendra, et je respecte
tes années, mais pas tellement toi, que je pourrais souhaiter me moquer de
toi seul.

Cal . Je vais gâcher ta gaieté, je veux me battre avec toi ;
Là repose mon manteau, c'était l'épée de mon père, et il a osé se battre ; es-
tu prêt ?

Mél . Pourquoi? Veux-tu te dépouiller de ta vie ?
Couche-toi donc, surveille bien, mange
des choses chaudes, et ne me dérange pas : ma tête est pleine de
pensées plus lourdes que ta vie ou ta mort ne peuvent l'être.

Cal . Vous avez un nom dans la guerre, quand vous êtes en sécurité
parmi une multitude ; mais j'essaierai ce que vous osez faire à un vieil
homme faible, dans un combat singulier ; tu vas t'écraser, je le crains : viens
dessiner.

Mél . Je ne tirerai pas, à moins que tu ne frappes ta mort
d'un coup ; il n'y a pas un seul coup que tu puisses donner qui ait assez de
force pour me tuer. Ne me tentez donc pas si loin ; la puissance de la terre
ne te rachètera pas.

Cal . Je dois le laisser tranquille,
il est gros et capable ; et à vrai dire, quelle que soit ma physionomie et mes
paroles, je ne suis pas vaillant : quand j'étais jeune, j'ai gardé mon crédit avec

un tour de testie que j'avais ,
parmi des lâches, mais je n'ai jamais osé me battre.

Mél. Je ne promets pas de préserver votre vie si vous restez.

Cal. Je donnerais un peu la moitié de mon pays pour avoir osé combattre
cet homme fier : si j'avais des hommes à tenir, je le battrais jusqu'à ce qu'il
me demande grâce.

Mél. Monsieur, allez-vous partir ?

Cal. Je n'ose pas rester, mais je rentrerai chez moi et je frapperai mes
serviteurs partout pour cela.

[*Quitte Calianax* .

Mél. Ce vieux bonhomme me hante,
Mais la voiture distraite de mon *Amintor*
m'envahit profondément, j'en trouverai la cause ; Je crains que sa
conscience ne pleure, il a eu tort *Aspatie* .

Entrez Amintor .

Amin. Les yeux des hommes ne sont pas si subtils pour percevoir
Ma misère intérieure ; Je porte mon chagrin caché du monde ; comment es-
tu misérable alors ? Car, si je le sais, tous les maris sont comme moi ; Et
tous ceux avec qui je parle de sa femme ne font que dissimuler ses malheurs
comme moi ; si je le savais, car la rareté m'afflige maintenant.

Mél. *Amintor*, Nous n'avons pas apprécié notre amitié ces derniers temps,
car nous avions l'habitude de charger nos âmes en bavardant.

Amin. *Melantius*, je peux te raconter une bonne plaisanterie de *Straton* et
d'une Dame le dernier jour.

Mél. Comment ça s'est passé ?

Amin. Pourquoi si étrange.

Mél. J'ai eu envie de vous parler, non pas d'une plaisanterie vaine et forcée ,
mais de choses que vous êtes tenu de me dire.

Amin. Qu'est-ce que c'est mon ami ?

Mél. J'ai observé que vos paroles tombent sauvagement de votre langue ;
et toute votre voiture, Comme quelqu'un qui s'efforçait de montrer sa
joyeuse humeur, Quand il était de mauvaise humeur : vous n'aviez pas
l'habitude
de mettre un tel mépris dans votre discours, ou de porter sur votre visage
une gaieté ridicule : Il y a ici une certaine tristesse, que votre la ruse nous
couvrirait de sourires, et cela ne se produira pas. Qu'est-ce que c'est?

Amin . Une tristesse ici ! quelle cause
le destin peut-il me fournir, pour que je le fasse ? Ne suis-je pas aimé dans
toute cette île ? le Roi
fait pleuvoir sur moi la grandeur : n'ai-je pas reçu dans mon lit Une Dame
qui dans ses yeux Garde un feu grandissant, et sur ses joues tendres Une
couleur inévitable , dans son cœur
Une prison pour toute vertu ? n'es-tu pas,
Qui est au-dessus de toutes les joies , mon ami constant ?
Quelle tristesse puis-je avoir ? non, je suis léger, et je sens les cours de mon
sang plus chauds et plus agités qu'ils ne l'étaient ; Mariez-vous aussi avec
foi, et vous ressentirez une joie si
inexprimée dans de chastes embrassements, que vous paraîtrez
effectivement un autre.

Mél . Vous pouvez façonner, *Amintor* ,
Causer à envoûter le monde entier, Et vous-même aussi ; mais ce n'est pas
comme un ami
de me cacher ton âme ; ce n'est pas votre nature d'être ainsi oisive ; Je t'ai
vu debout alors que tu étais foudroyé ; au milieu de toute votre gaieté,
Appelez trois fois à haute voix, puis commencez en feignant la joie Si
froidement : Monde ! qu'est-ce que je fais ici ? un ami
n'est rien, Ciel ! J'aurais dit à cet homme
mes péchés secrets ; Je vais chercher une Terre inconnue,
Et y planter l'amitié, tout est flétri ici ;
Venez avec un complément, j'aurais combattu, ou dit à mon ami qu'il avait
menti , avant de l' apaiser ainsi ;
Hors de mon sein.

Amin . Mais il n'y a rien.

Mél . De pire en pire; adieu ; A partir de ce moment, j'ai une connaissance,
mais pas d'ami.

Amin . *Melantius* , reste, tu sauras ce que c'est.

Mél . Voyez comment vous joué avec amitié; sachez comment vous vous
donnez l'occasion de
dire : Vous avez perdu
un ami.

Amin . Pardonne ce que j'ai fait ;
Car je suis tellement épuisé par des blessures inouïes, que je perds la
considération de ce que je devrais faire – oh – oh.

Mél . Ne pleurez pas ; qu'est- ce que c'est ?
Puis-je, une fois, savoir quel homme a ainsi transformé mon ami ?

Amin. J'en avais parlé au début, mais ça.

Mél. Mais quoi?

Amin. Je trouvais qu'il était très impropre
que vous le sachiez ; la foi ne le sait pas encore.

Mél. Tu vois mon amour, qui te tiendra compagnie
dans les larmes ; Ne me cache donc rien ; Car quand je connais la cause de
ta maladie, avec ma propre armure Je vais me parer ,
ma résolution, et trancher tes ennemis, jusqu'à ce que je place ton cœur
aussi paisible qu'une innocence impeccable. Qu'est-ce que c'est?

Amin. Eh bien, c'est ça... c'est trop gros
Pour sortir, laisse mes larmes couler un moment.

Mél. Punissez-moi étrangement du ciel, s'il échappe
à la vie ou à la gloire, qui a amené ce jeune homme à cela.

Amin. Ta soeur.

Mél. Bien dit.

Amin. Vous allez je ne souhaite pas être inconnu, quand vous l'avez
entendu.

Mél. Non.

Amin. Elle est à blâmer, Et elle a abandonné son
honneur au Roi ,
Et elle vit avec lui dans la prostitution.

Mél. Comment ce!
Tu es vraiment devenu fou à cause des blessures, tu ne pourrais pas
prononcer autre chose ; parle encore,
car je le pardonne librement ; raconte tes chagrins.

Amin. Elle est dévergondée ; Je suis réticent à dire une putain,
même si c'est vrai.

Mél. Parle encore une fois, avant que ma colère ne grandisse
au point d'être abattue ; quels sont tes chagrins ?

Amin. Par toute notre amitié, ceux-là.

Mél. Quoi? suis-je apprivoisé ?
Après mes actions, le nom de mon ami effacera-t-il toute notre famille et
frappera-t-il la marque de putain sur ma sœur sans vengeance ?
Ma chair tremblante, sois témoin pour moi, avec quelle réticence je vais
fouetter ce Rayler , que ma folie a appelé ami ;

Je ne te prendrai pas bassement ; ton épée pend près de ta main, tire-la, afin
que je puisse fouetter ta témérité jusqu'à la repentance ; tire ton épée.

Amin . Ce n'est pas contre toi que ta colère s'est enflée aussi haut
que les vagues sauvages ; tu devrais me soulager
ici et éternellement, si ta noble main voulait me couper de mes chagrins.

Mél . C'est ignoble et effrayant ! ceux qui avaient l'habitude de proférer des
mensonges ne fournissent pas de
coups, mais des mots pour qualifier
les hommes à qui ils ont fait du tort ; tu as une cause coupable.

Amin . Tu me plais ; car tant d'autres choses semblables
élèveront ma colère au-dessus de mes chagrins, ce qui est une passion plus
facile à naître, et je serai alors heureux.

Mél . Prends-en donc davantage pour élever ta colère. C'est plus
              La lâcheté t'empêche de dessiner ; et je te laisserai
mort cependant ; mais si tu es tellement pressé
de culpabilité et de peur, que tu n'oses pas te battre, je ferais en sorte que ta
mémoire soit haïe et je fixerais un scandale
sur ton nom pour toujours.

Amin . Alors je tire,
Aussi justement que nos magistrats leurs épées, Pour retrancher les
délinquants ; Je savais avant que cela vous gratterait les oreilles ; mais c'était
ignoble de votre part
d'exhorter votre ami à lui confier un lourd secret, et ensuite de vous mettre
en colère contre lui ; Je serai à l'aise si je suis tué ; et si tu tombes à cause de
moi,
je ne te survivrai pas longtemps.

Mél . Restez un peu.
Le nom d'un ami est plus que celui d'une famille, ou même du monde
entier ; J'étais bête. Toi qui sonde la nature humaine , qui t'es réveillé
pour me faire du mal, tu es curieux, et me pousse sur des questions qui
m'enlèveront le sommeil ; serais-je mort avant de connaître
ce triste déshonneur ; pardonnez-moi mon ami ;
Si tu veux frapper, voici un cœur fidèle, perce-le, car je ne lèverai jamais la
main vers la tienne ; voici le pouvoir que tu as en moi ! Je crois que ma
sœur est une putain, une lépreuse, lève ton épée, jeune homme.

Amin . Comment devrais-je alors le supporter, étant donné qu'elle est ainsi ?
Je crains, mon ami, que tu me perdes sous peu ; Et je commettrai moi-
même une mauvaise action
à cause de ces disgrâces.

Mél. Une bonne moitié des terres
furent rapidement enterrées ensemble ; non, *Amintor*,
tu auras du repos : ô ce roi adultère qui l'y a attirée ! d'où lui vient-il l'esprit
de me faire ainsi du tort ?

Amin. Qu'est-ce donc pour moi,
si c'est mal pour vous !

Mél. Mais pas tellement : le crédit de notre maison
est gaspillé ; Mais de son repaire de fer, je réveillerai la mort
et je la jetterai sur ce roi ; mon honnêteté
renforcera mon épée, et sur son horrible pointe je porterai ma cause, qui
étonnera les yeux
de cet homme fier et sera trop brillante pour qu'il puisse la regarder.

Amin. J'ai complètement détruit ma renommée.

Mél. Sèche tes yeux humides,
et jette sur mon visage un regard viril ; Car rien n'est plus sauvage que moi,
ton ami, jusqu'à ce que je t'aie libéré ; toujours ce sein gonflé ; Je m'éloigne
ainsi de toi, et je ne cesserai jamais ma vengeance, jusqu'à ce que je trouve
mon cœur en paix.

Amin. Il ne doit pas en être ainsi ; restez, mes yeux diraient
combien je suis réticent à cela ; mais amour et larmes Laissez-moi un
moment, car j'ai risqué Tout ce monde appelle heureux ; tu m'as arraché un
secret sous le nom d'ami, que tu n'aurais jamais pu découvrir, ni arracher la
torture
de mon sein ; donnez-le-moi encore,
car je le trouverai, où qu'il se trouve,
caché dans la partie la plus mortelle ; inventer un moyen de le rendre.

Mél. Pourquoi, tu le récupérerais ?
Je le poursuivrai jusqu'à la mort pour me venger.

Amin. C'est pourquoi je le rappelle de toi ; car je connais
ton sang si haut, que tu vas remuer cela et me faire honte à la postérité :
prends ton arme.

Mél. Écoute ton ami, qui porte plus d'années que toi.

Amin. Je n'entendrai pas : mais dessine, ou je…

Mél. *Amitor*.

Amin. Dessinez donc, car je suis aussi résolu
que la renommée et l'honneur peuvent me
forcer à l'être ; Je ne peux pas m'attarder, dessiner.

Mél. Oui, mais
ma part de crédit n'est-elle pas égale à la tienne si je bouge ?

Amin. Non; car on l' appellera
                    Honneur à toi de verser le sang de ta sœur ,
si elle abuse de sa naissance, et sur le roi une vengeance courageuse : mais
sur moi qui ai marché
avec patience en cela, il fixera le nom de cocu craintif — ô ce mot ! être
rapide.

Mél. Alors réjouis-toi avec moi.

Amin. Je n'ose pas commettre un péché, sinon je le ferais : soyez prompt.

Mél. Alors n'ose pas te battre avec moi, car c'est un péché.
Son chagrin le distrait ; appelle tes pensées agen ,
et prononce à toi-même le nom d'un ami,
et vois ce que cela produira ; Je ne me battrai pas.

Amin. Vous devez.

Mél. Je serai tué le premier, même si mes passions
vous offrent la même chose ; ce n'est pas cette terre qui achètera ma raison
; réfléchissez un moment, car vous êtes (je dois pleurer quand je parle cela)
presque hors de vous-même .

Amin. Oh mon caractère doux !
Tant de paroles douces de la bouche de ta sœur, j'ai peur qu'elles ne me
fassent la prendre dans mes bras et lui pardonner. Je suis vraiment fou, et je
ne sais pas ce que je fais ; mais prends soin de moi dans ce que tu fais .

Mél. Pourquoi mon ami pense-t-il que j'oublierai son honneur , ou que
pour sauver
la bravoure de notre maison, je perdrai sa renommée, et que j'aurai peur de
toucher au trône de majesté ?

Amin. Une malédiction suivra cela, mais plutôt vivre
et souffrir avec moi.

Mél. Je ferai ce que la valeur me demandera, et pas plus.

Amin. Ma foi, je suis malade et j'espère désespérément. Pourtant , penché
ainsi, je ressens une sorte d'aisance.

Mél. Viens reprendre ta joie à ton sujet.

Amin. Je ne le ferai jamais .

Mél. Je te le garantis, lève les yeux, nous marcherons ensemble,
mets ton bras ici, tout ira bien à nouveau .

Amin. Ton Amour, ô misérable, moi ton Amour, *Melantius* ;
eh bien, je n'ai rien d'autre.

Mél. Soyez joyeux alors.

[*Sort. Entre Mélance agen* .

Mél. Ce digne jeune homme peut se faire violence
, mais je l' ai
chéri de tout mon pouvoir, et je l'ai envoyé en souriant loin de moi pour
contrefaire encore ; L'épée tient ton tranchant,
mon cœur ne me fera jamais défaut : *Diphilus* ,
tu es comme envoyé.

[*Entre Diphilus* .

Diplôme . Là-bas, on a tellement ri.

Mél . Entre qui ?

Diplôme . Eh bien, notre sœur et le roi,
je pensais que leur rate allait se briser, ils nous ont tous ri en dehors de la
pièce.

Mél . Ils doivent pleurer, *Diphilus* .

Diplôme . Le doivent-ils ?

Mél . Il le faut : tu es mon frère , et si je croyais
que tu avais une pensée basse, je l'arracherais, je
resterais là où elle a osé.

Diplôme . Vous ne devriez pas, je voudrais d'abord me mutiler et le trouver.

Mél . Cela a été dit selon notre souche ; viens
        Attache tes mains aux miennes,
et jure avec fermeté sur le projet que je te présenterai.

Diplôme . Vous nous faites du tort à tous deux ;
On ne dira plus là-bas Un lien plus que nos amours, pour lier nos vies Et
nos morts ensemble.

Mél . C'est aussi noblement dit que je le souhaiterais ;
Bientôt, je te raconterai des merveilles ; nous avons tort .

Diplôme . Mais je vais vous le dire maintenant, nous allons nous arranger .

Mél . Ne restez pas, préparez les armures dans ma maison ;
Et quels amis vous pouvez attirer à nos côtés,
Ne connaissant pas la cause, préparez-vous aussi ;
Hâte *Diphilus* , le temps l'exige, hâte.

[*Diphilus sort* .

J'espère que ma cause est juste, je sais que mon sang
me le dit, et je l'y croirai : Pour me venger et me perdre en même temps ,
j'étais oisif ; et pour échapper à l'impossible, sans j'avais le fort, dont la
misère restait entre les mains de mon vieil ennemi *Calianax* , mais je dois
l'avoir, voyez-vous.

[*Entre Calianax* .

Où il vient se secouer à côté de moi : bon mon Seigneur,
oublie-moi ton spleen, je ne t'ai jamais fait de tort ,
mais j'aimerais avoir la paix avec tout le monde.

Cal . C'est bien ;
Si j'osais me battre, ta langue resterait tranquille.

Mél . Vous êtes touchie sans aucune raison.

Cal . Fais-le, moque-toi de moi.

Mél . Par mon honneur , je dis la vérité.

Cal . Honneur ? où est-il ?

Mél . Voyez par où commence votre haine pour mon amour et votre liberté
envers vous. Je viens avec la résolution d'obtenir un procès contre vous.

Cal . Un costume à moi ! il semblerait que cela devrait être accordé,
monsieur.

Mél . Non, ne partez pas d'ici ;
C'est ça ; vous avez la garde du Fort, Et je voudrais que par l'amour que
vous devez me porter, vous le remettiez entre mes mains.

Cal . J'espère que tu es fou, pour me parler ainsi.

Mél . Mais il y a une raison pour vous y inciter. Je tuerais le roi qui a fait du
tort à vous et à votre fille.

Cal . Sortez Traytor !

Mél . Non, mais restez ; Je ne peux pas m'échapper , une fois l'acte
accompli,
sans avoir ce fort.

Cal . Et devrais-je t'aider ? maintenant ton esprit perfide
            trahit lui-même .

Mél . Allons, ne me retarde pas ;
Donne-moi une réponse soudaine, ou déjà ton dernier discours est

prononcé ; refuse l'amour qui ne nous est pas offert, Quand il vient vêtu de
secrets.

Cal . Si je dis que je ne le ferai pas, il me tuera, je vois ce qui est écrit
dans son regard ; et si je dis que je le ferai, il courra
dire au roi : Je ne fuis pas votre amitié, cher *Melantius* .
Mais cette cause est importante, donnez-moi seulement une heure pour
réfléchir.

Mél . Prenez-le. Je sais que cela va au roi,
mais je suis armé .

[*Ex. Melant* .

Cal . Je pense que je me sens moi-même
Mais vingt ans maintenant ; cet imbécile combattant
veut de la politique ; Je vengerai ma fille, et la rendrai rouge à nouveau ; Je
prie, mes jambes tiendront ce rythme que je les porterai, j'aurai besoin de
souffle avant de trouver le Roi.

Actus Quartus .

Entrer Melantius , Evadne *et une* dame.

Mél . Vous sauve.

Évad . Sauve-toi, mon cher frère.

Mél . À mon œil brutal, il me semble que tu ressembles à *Evadne* .

Évad . Viens, tu me ferais rougir.

Mél . Je voudrais *Evadne* , je déplaireai à mes fins autrement.

Évad . Vous le ferez si vous me l'ordonnez ; Je suis timide ;
Allez monsieur, à quoi je ressemble ?

Mél . Je ne voudrais pas que vos femmes m'entendent.
Faire vos éloges, ce n'est pas convenable.

Évad . Allez m'attendre dans la galerie, parlez maintenant.

Mél . Je vais d'abord verrouiller la porte.

[*Sortent Mesdames* .

Évad . Pourquoi?

Mél . Je ne laisserai pas vos objets dorés qui dansent en visite avec leurs
peaux de Millan étouffer mes affaires.

Évad . Vous êtes étrangement disposé, Monsieur.

Mél . Bonne Madame, ce n'est pas pour vous faire plaisir.

Évad. Non, si vous me félicitez, cela me rendra triste.

Mél. C'est une si triste félicitation que j'ai pour vous.

Évad. Frère, la Cour vous a rendu spirituel, et vous a appris à deviner.

Mél. J'en félicite la Cour ; ça ne t'a rien appris ?

Évad. Moi?

Mél. Moi , *Evadne* , tu es jeune et belle ,
Une dame au teint doux, Et un port si fluide, qu'elle ne peut qu'enflammer
un royaume.

Évad. Doux frère !

Mél. Tu te souviens encore, femme insensée, de me rendre douce.

Évad. Comment est-ce?

Mél. C'est vil,
et je pourrais rougir de ces années, à travers toutes mes cicatrices honorées ,
pour venir à un tel parlement .

Évad. Je ne te comprends pas.

Mél. Tu n'oses pas, Fou ;
Ceux qui commettent tes fautes oublient le souvenir.

Évad. Mes défauts, Monsieur ! Je voudrais que tu saches que je m'en fiche
s'ils étaient écrits ici, ici sur mon front.

Mél. Ton corps est trop petit pour une histoire dont
les désirs combleraient une autre femme, même si elle avait des jumeaux en
elle.

Évad. C'est impertinent ;
Écoutez, ne vous introduisez plus, c'est votre chemin.

Mél. Tu es mon chemin, et je marcherai sur toi
jusqu'à ce que je découvre la vérité.

Évad. Quelle vérité recherchez-vous ?

Mél. Ton honneur perdu depuis longtemps : les dieux m'auraient-ils lancé
un de leurs éclairs les plus bruyants ; viens me dire vite : fais-le sans
contrainte, et prends garde que tu ne m'enfles pas au-dessus de mon
humeur.

Évad. Comment Monsieur ? où as-tu trouvé ce rapport ?

Mél. Où il y avait du monde partout.

Évad. Eux et ses seconds sont des gens vils ;
Ne les croyez pas, ils ont menti .

Mél. Ne joue pas avec ma colère, ne misérable,
je viens de connaître cet imbécile désespéré qui t'a tiré de ta belle vie ; sois
sage et ouvre-le.

Évad. Lâchez-moi et apprenez les bonnes manières, un tel autre
oubli vous prive de la vie.

Mél. Éteignez-moi cet humour puissant , puis dites-moi
de qui vous êtes la putain, car vous en êtes une, je le sais. Que tous mes
honneurs périssent mais je le retrouverai,
même s'il repose enfermé dans ton sang ; soyez soudain;
Il n'y a pas moyen d'y faire face, et ne soyez pas flatté ; L'air brûlé, quand le
Chien les rages ne sont pas plus immondes
que ton nom contagieux, jusqu'à ce que ton repentir (si les dieux t'en
accordent) purge ta maladie.

Évad. Partez, vous êtes mon frère , c'est votre sécurité.

Mél. Je serai d'abord un loup ; c'est d'être ton frère
une infamie au-dessous du péché d'un lâche : je suis aussi loin de faire partie
de toi, que tu l'es de ta vertu : cherche une parenté
   Parmi les bêtes sensuelles, et fais d'une chèvre ton frère,
une chèvre est plus cool ; tu me le diras encore ?

Évad. Si vous restez ici et raillez ainsi, je vous dirai,
   Je vais te faire fouetter ; amenez-vous à votre commandement,
et là prêchez à vos sentinelles, et dites-leur quel homme courageux vous
êtes ; Je me moquerai de toi.

Mél. Tu es devenue une glorieuse pute ; où sont tes
combattants ? quel imbécile mortel a osé t'inciter à cette audace, et moi
vivant ? par ma juste épée, il aurait été plus sûr
de chevaucher une vague quand le Nord en colère
labourerait la mer, ou obligerait les cieux à enflammer sa nourriture ;
Ne me faites pas travailler plus haut ; allez-vous encore découvrir ?

Évad. Le gars est fou, dort et parle raisonnablement.

Mél. Ne forcez pas davantage mon cœur gonflé ; Je te sauverais ; vos
grands soutiens ne sont pas là, ils n'osent pas, s'ils l'étaient tous, et armés, je
parlerais haut ; voilà, il faut leur tonner : veux-tu me le dire ? tu n'as aucun
espoir de t'échapper ; celui qui ose le plus, et qui condamne son âme à te
rendre service, préférera aller chercher de la viande à un lion affamé, plutôt
que de venir te secourir ; tu as la mort autour de toi : elle a défait ton
honneur , empoisonné ta vertu , et d'une belle rose, t'a laissé un chancre.

Évad. Laissez-moi réfléchir.

Mél. Fais, dont tu étais l'enfant,
dont tu as assassiné l'honneur , dont la tombe s'est ouverte ,
et a ainsi tiré sur les dieux, que dans leur justice,
ils doivent lui rendre la chair et la vie, et relever ses os desséchés pour
venger son scandale. .

Évad. Les dieux ne sont pas de mon avis ; ils feraient mieux de
les laisser reposer encore dans la terre ; ils vont puer ici.

Mél. Est-ce que vous faites rire de ma facilité ?
Abandonne-moi donc toutes les faiblesses de la nature, qui font des
hommes des femmes : Parle, putain, dis la vérité, Ou par l'âme chère de ton
Père endormi, Cette épée sera ton amant : dis-le, ou je te tuerai : Et quand
tu l'
auras tout dit, tu le mériteras.

Évad. Vous ne me tuerez pas !

Mél. Non, c'est une justice, et une justice noble, que de faire la lumière sur
de si vils délinquants.

Évad. Aide!

Mél. Par ton mauvais moi, aucune aide humaine ne t'aidera,
si tu cries : quand je t'aurai tué , comme je l'ai fait.
            J'ai juré de le faire, si tu ne l'avoues pas, nu comme tu as
quitté ton honneur , je te quitterai,
afin que sur ta chair marquée, le monde puisse lire ta noire honte et ma
justice ; Veux-tu encore te pencher ?

Évad. Oui.

Mél. Levez-vous et commencez votre histoire.

Évad. Oh, je suis malheureux.

Mél. C'est vrai, tu l'es, dis toujours la vérité.

Évad. J'ai offensé, noble Monsieur : pardonnez-moi.

Mél. Avec quel esclave sécurisé ?

Évad. Ne me demandez pas monsieur. Mon propre souvenir est une misère
trop puissante pour moi.

Mél. Ne retombez plus ; mon épée n'est pas encore dégainée .

Évad. Que dois-je faire ?

Mél. Soyez vrai et réduisez votre faute.

Évad. Je n'ose pas le dire.

Mél. Dis-le, ou je vais aujourd'hui te tuer.

Évad. Me pardonneras-tu alors ?

Mél. Attendez, il faut que je demande d'abord mon honneur , j'ai trop de
nature insensée en moi ; parler.

Évad. Il n'y a personne d'autre ici ?

Mél. Rien qu'une conscience craintive, c'est trop. Qui l'est ?

Évad. Ô écoute-moi doucement ; c'était le roi.

Mél. Pas plus. Ceux de mon digne père et mes services
Sont généreusement récompensés ! Roi, je te remercie, Pour tous mes
dangers et mes blessures, tu m'as payé Dans mon propre métal : Ce sont les
remerciements des Souldiers .
Combien de temps as-tu vécu ainsi *Evadne* ?

Évad. Trop long.

Mél. Trop tard tu le découvres : peux-tu être désolé ?

Évad. Aurais-je été à moitié aussi irréprochable.

Mél. *Evadne* , tu retourneras à ton métier.

Évad. D'abord dans ma tombe.

Mél. Les dieux auraient-ils été si bénis ?
Ne détestes-tu pas ce roi maintenant ? prétexte que tu le détestes :
              Ne pourrais -tu pas le maudire ? Je t'ordonne de le maudire,
de le maudir jusqu'à ce que les dieux entendent, et de le livrer à tes justes
souhaits : pourtant je crains *Evadne* ;
Vous préférez jouer votre jeu.

Évad. Non, je ressens
ici trop de tristes confusions pour laisser entrer une quelconque flamme par
la suite.

Mél. Ne sens-tu pas parmi tous ceux-là une colère courageuse
qui éclate noblement et dirige ton bras pour tuer ce vil roi ?

Évad. Tous les dieux l'interdisent.

Mél. Non, tous les dieux l'exigent, ils sont déshonorés en lui.

Évad. C'est trop effrayant.

Mél. Vous êtes vaillant dans son lit, et assez audacieux
pour être une putain rassis, et avoir le nom de votre Madame Discours pour

les palefreniers et les pages, et par la suite, quand sa fraîche Majesté vous aura déposé,
pour être à la pension avec un monsieur nécessiteux pour de la viande et des vêtements de coursier, jusqu'à présent vous ne connaissez aucune peur.
Viens, tu vas le tuer.

Évad . Bien Monsieur!

Mél . Et si tu l'embrassais mort, tu l'étoufferais ;
Sois sage et tue-le : peux-tu vivre et savoir quels nobles esprits te feront voir toi-même découvert
de chaque doigt, fait la honte
de toutes les successions, et dans cette grande ruine
ton frère et ton noble époux brisés ? Tu ne vivras pas ainsi ; agenouille-toi et jure de m'aider Quand je t'appellerai, ou par tous les saints du ciel et de la terre, tu ne vivras pas pour respirer une heure entière de plus, sans une pensée : Viens, c'est un juste serment ; donne-moi ta main, et tends les deux au ciel, jure par cette richesse que ce voleur lubrique t'a volée, quand je le dis, pour laisser sortir son âme immonde.

Évad . Ici, je le jure,
Et vous tous, esprits des Dames maltraitées,
Aidez-moi dans cette performance.

Mél . Assez; cela ne doit être connu que de
vous et moi *Evadne* ; pas à ton Seigneur,
même s'il est sage et noble, et qu'un camarade ose s'engager aussi loin dans une action digne,
que le plus audacieux, moi, jusqu'à la justice.
Ne me demandez pas pourquoi. Adieu.

[*Sortie Mel* .

Évad . Est-ce que je pourrais le dire à ma noire honte.
Oh, où étais-je pendant tout ce temps ! combien j'étais ami, pour que je me perde ainsi désespérément, et que personne, par pitié, ne me montre comment j'ai erré ?
Il n'y a pas dans l'étendue de la lumière Une créature plus malheureuse : bien sûr , je suis monstrueux,
Car j'ai fait ces folies, ces méfaits insensés, Oserait une femme. Ô mon âme chargée, ne sois pas si cruelle envers moi, ne t'étouffe pas

[*Entre Amintor* .

Le chemin de mon repentir. Ô mon Seigneur.

Amine . Comment maintenant?

Évad. Mon Seigneur tant abusé ! [*S'agenouille* .

Amine . Ça ne peut pas être.

Évad. Je ne m'agenouille pas pour vivre, je n'ose l'espérer ;
Les torts que j'ai commis sont plus grands ; regarde-moi, même si j'apparais
avec tous mes défauts.

Amine . Se lever.
Ce n'est pas une nouvelle façon d'engendrer davantage de chagrin ; Dieu
sait que j'en ai trop ; ne te moques pas de moi; Bien que je sois apprivoisé et
élevé avec mes torts, qui sont mes frères de lait, je peux sauter comme un
loup à main dans mon désert naturel, et commettre un outrage : je te prie de
ne pas te moquer de moi.

Évad . Ma vie entière est si lépreuse, elle infecte
Tout mon repentir : J'achèterais ton pardon Quoique au plus haut niveau,
même avec ma vie : Cette légère contrition, ce n'est pas un sacrifice Pour ce
que j'ai commis.

Amine . Bien sûr , j'éblouis : il ne peut y avoir de foi en cette femme
immonde qui ne connaît
pas de Dieu plus puissant que ses méfaits : tu fais encore le pire, tu comptes
encore sur tes défauts, pour presser ainsi mon pauvre cœur. Puis-je croire
qu'il y a une graine de Vertu dans cette femme
qui reste à germer, qui ose continuer dans le péché
Connu, et aussi connu que le tien, ô *Evadne* !
Y aurait-il quelque sécurité dans ton sexe, pour que je puisse repousser mille
chagrins et créditer ton repentir ? Mais je ne le dois pas ; Tu m'as amené à la
sourde calamité, à cette étrange incrédulité du monde entier, et de toutes les
choses qui s'y trouvent, que je crains de tomber comme un arbre et de
trouver ma tombe, me rappelant seulement que je suis affligé .

Évad . Mon Seigneur,
donnez-moi vos chagrins : vous êtes un innocent, une âme blanche comme
le ciel : ne laissez pas mes péchés périr votre noble jeunesse : je ne tombe
pas ici dans l'ombre en dissimulant avec mes larmes, comme tout le monde
le dit, les femmes peuvent le faire, ou pour faites moins de ce que ma
volonté brûlante a fait, que le ciel et vous savez être plus dur que la main du
temps ne peut retrancher du souvenir de l'homme ; Non je n'ai pas;
J'apparais effectivement le même, le même *Evadne* ,
          Habillez-vous de la honte dans laquelle j'ai vécu , le même
monstre.
Mais ce sont des noms d' honneur pour ce que je suis ;
Je me présente comme la créature la plus immonde,
la plus venimeuse , la plus dangereuse et la plus méprisée des hommes,

Lerne e êtes élevés, ou *Nilus* ; Je suis l'enfer,
jusqu'à ce que toi, mon cher Seigneur, projette en moi ta lumière, les rayons
de ton pardon : j'ai l'âme malade, et [flétris] par la peur d'un condamné,
jusqu'à ce que j'obtienne ton pardon

.

Amine . Lève-toi *Evadné* ,
Ces puissances célestes qui ont mis ce bien en toi, Accorde-lui la
continuation : je te pardonne ; Rends-toi digne de cela, et prends garde,
prends garde *Evadne* , que ce soit sérieux ;
Ne te moque pas des puissances d'en haut, qui peuvent et osent te donner
un grand exemple de leur justice à tous les yeux, si tu plais
à ton repentir, au meilleur sacrifice.

Évad . Je n'ai rien fait de bon pour gagner la foi,
Ma vie a été si infidèle ; toutes les créatures faites pour les honneurs du ciel
ont leurs fins, et de bonnes,
toutes sauf le cousening *Crocodiles* , fausses femmes ;
Ils règnent ici comme ces plaies, ces plaies meurtrières
contre lesquelles on prie ; et quand ils meurent, comme des histoires mal
racontées et incrédules , ils disparaissent
et tombent dans la poussière oubliés : Mais mon Seigneur, ces jours courts
je compterai pour mon repos,
(car beaucoup ne doivent pas me voir) penseront aussi tard, quoique le soir,
je perçois une volonté, puisque je ne peux rien faire de bien parce qu'une
femme, atteint constamment quelque chose qui est à proximité ;
Je rachèterai une minute de mon âge, Ou comme une autre *Niobé* Je
pleurerai jusqu'à ce que je sois de l'eau.

Amine . Je suis maintenant dissous :
Mon âme gelée fond : que chaque péché que tu as, Trouve une nouvelle
miséricorde : Lève-toi, je suis en paix : As- tu été ainsi, ainsi excellemment
bon,
Avant que ce Roi démon ne tente ta fragilité, Sûr que tu avais fait un étoile :
donne-moi ta main ; A partir de ce moment je
te connaîtrai , et autant
que l'honneur me le permet, sois ton *Amintor* :
La prochaine fois que nous nous reverrons, je te saluerai équitablement, et
prierai les dieux de te donner des jours heureux :
ma charité t'accompagnera, Même si mes étreintes doivent être loin de toi.
J'aurais dû te tuer , mais ce doux repentir
enferme ma vengeance, pour laquelle ainsi je t'embrasse, le dernier baiser
que nous devons prendre ; et voudrions qu'au ciel le saint prêtre qui nous a
donné les mains, nous ait donné des vertus égales : allez *Evadné* ,

les dieux séparent ainsi nos corps, prenez soin que mon honneur ne tombe
pas plus loin, je vais bien alors.

Évad. Toutes les chères joies d'ici et d'en haut ci-après
couronnent ta belle âme : ainsi je prends congé mon Seigneur,
et tu ne verras jamais l'immonde *Evadne*
jusqu'à ce qu'elle soit rasée . j'ai essayé tous les moyens honorés qui peuvent
la mettre au repos et laver ses taches.

[*Sort* .

Banquet. Entre le roi, Calianax . Les hoboyes jouent à l'intérieur .

Roi . Je ne peux pas dire comment je devrais attribuer cela
à vous qui êtes son ennemi.

Cal . Je suis sûr qu'il me l'a dit, et je le ferai justifiez -le
De quelle manière il ose s'opposer, mais avec mon épée.

Roi . Mais a-t-il rompu sans aucune circonstance
Avec vous son ennemi, pour qu'il ait le Fort Pour me tuer, et ensuite
s'échapper ?

Cal . S'il nie , je le ferai rougir.

Roi . Cela semble incroyablement.

Cal . Moi, c'est aussi le cas de tout ce que je dis ces derniers temps.

Roi . Ce n'est pas le cas *de Calianax* .

Cal . Oui, je devrais rester
muet pendant qu'un voleur aux bras forts vous tranche la gorge.

Roi . Eh bien, je vais l'essayer, et si c'est vrai
     Je vais mettre ma vie en gage, je la trouverai ; si c'est faux,
et que vous habillez votre haine d'un tel mensonge, vous le ferez désormais
dans votre propre maison, non dans la cour.

Cal . Pourquoi, si c'est un mensonge,
mes oreilles sont fausses ; car je jure que je l'ai entendu :
les vieillards ne sont bons à rien ; tu ferais mieux de me mettre à mort pour
avoir entendu, et de le libérer pour le sens de cela ; tu m'aurais fait
confiance une fois, mais le temps est modifié.

Roi . Et je le ferai encore là où je pourrai rendre justice au monde ;
Vous n'avez aucun témoin.

Cal . Oui, moi-même.

Roi . Pas plus, je veux dire, il y en avait qui l'avaient entendu.

Cal . Comment ça, pas plus ? en aurais-tu plus ? pourquoi ne suis-je pas assez pour pendre mille voleurs ?

Roi . Mais vous pouvez aussi pendre les honnêtes gens, s'il vous plaît.

Cal . Je peux, c'est comme si je le ferais ; il y en a une centaine qui le jureront par besoin aussi, si je le dis.

Roi . Nous n'avons pas besoin de tels témoins.

Cal . Et c'est dur si ma Parole ne peut pas pendre un fripon .

Roi . Assez; où est *Straton* ?

Stra . Monsieur!

Entrez Straton .

Roi . Pourquoi où est toute la compagnie ? appelle *Amintor* . *Evadne* , où sont mon frère et *Melantius* ? Dis-lui de venir aussi, ainsi que *Diphilus* ; appelle tout

[*Sortez de Strato* .

S'il désire
votre combat, il n'est pas au pouvoir de toutes nos lois de l'empêcher, à moins que nous n'ayons l'intention de les quitter .

Cal . Eh bien, si vous pensez
qu'il est digne d'un vieil homme et d'un conseiller de se battre pour ce qu'il dit , alors vous pouvez l'accorder.

Entre Amin. Évad . Mél. Diplôme . [Lisip .] Clé. Stra. Diag .

Roi . Venez messieurs, *Amintor,* vous êtes encore un époux,
et je vous utiliserai ainsi : vous vous asseoirez ; *Evadne* s'assoit, et toi *Amintor* aussi ;
Ce banquet est pour vous, monsieur : qui a apporté sur lui une joyeuse histoire, pour faire rire parmi notre vin ? pourquoi *Straton* , où es-tu ?
Tu les couperas hors de saison quand je ne les désire pas.

Straton . C'est ma malchance, monsieur, alors je vais les dépenser.

Roi . Approche-moi un boul de vin : *Melantlius* , tu es triste.

Amine . Je devrais être monsieur le plus joyeux ici,
mais j'ai une histoire à moi qui
mérite d'être racontée à ce moment-là.

Roi . Donnez-moi le vin.
    Melantius , je réfléchis maintenant

à combien il serait facile pour un homme en qui nous avons confiance
d' empoisonner l'un de nous dans un tel boul.

Mél. Je pense que ce n'était pas difficile, monsieur, pour un valet.

Cal. Tel que vous êtes.

Roi. Je crois que c'était facile , il nous convient
d'avoir des hommes francs sur nous-mêmes ,
tels que vous êtes tous ici : *Amintor*, à toi
et à ta belle *Evadne*.

Mél. Avez-vous pensé à ce *Calianax* ?

[*À part* .

Cal. Oui, je me suis mariée, n'est-ce pas.

Mél. Et quelle est votre résolution ?

Cal. Vous l'aurez sainement ?

Roi. Atteindre *Amintor* , *Strato* .

Amine . Ici, mon amour,
ce vin te fera du mal, car il fera rougir tes joues, et jusqu'à ce que tu fasses
une faute, ce serait dommage.

Roi. Pourtant, je m'étonne beaucoup
de l'étrange désespoir de ces hommes, qui osent tenter de tels actes ici dans
notre État ; Il ne pouvait pas s'échapper, c'est ce qui l'a fait.

Mél. Était-il connu, impossible .

Roi. On le saurait, *Melantius* .

Mél. Cela devrait être le cas, s'il s'enfuyait,
il devait porter toute notre vie sur son épée, il n'avait pas besoin de fuir l'île,
il ne devait laisser personne en vie.

Roi. Non, je pense qu'aucun homme ne
pourrait me tuer et m'échapper, à part ce vieil homme.

Cal. Mais je! que le ciel me bénisse : moi, dois- je mon Liège ?

Roi. Je ne pense pas que tu le ferais, mais pourtant tu le pourrais ,
car tu as entre les mains les moyens de t'échapper, en gardant le fort ; il l'a
fait, *Melantius* , et il
l'a bien gardé.

Mél. Des
toiles d'araignées Monsieur, c'est propre : je ne trouve aucun autre art qui le

garde maintenant, ce n'était pas le cas. assiégé depuis qu'il
a commandé.

Cal. Je serai sûr de votre bonne parole,
mais je l'ai gardée à l'abri de ceux comme vous.

Mél. Gardez votre mauvais caractère,
je ne dis aucune méchanceté ; si mon frère l'avait gardé, j'aurais dû le dire.

Roi. Vous n'êtes pas joyeux, mon frère ; buvez du vin,
restez assis tranquillement ! *Calianax*, [*À part*.
Je ne peux pas faire confiance à cela : j'ai lancé des mots qui auraient fait
couler du sang chaud sur les joues
des hommes coupables, et il n'est jamais ému , il ne sait
rien de tel.

Cal. L'impudence peut s'échapper lorsqu'une faible vertu est accusée .

Roi. Il doit, s'il était coupable, ressentir une altération
. À ce murmure que nous lui montrons, vous voyez que ce n'est pas le cas.

Cal. Qu'il se pende.
Que m'importe ce qu'il fait ; c'est ce qu'il a dit.

Roi. *Mélantius*, vous ne pouvez pas facilement concevoir
ce que je viens de dire ; car les hommes qui sont en faute peuvent
subtilement appréhender quand les autres visent
ce qu'ils font de mal ; mais je pardonne librement devant cet homme ; le ciel
le fait aussi : je ne te toucherai pas tant qu'avec honte de le dire, qu'il n'en
soit plus ainsi.

Cal. Pourquoi c'est très bien.

Mél. Je ne peux pas dire
ce que vous voulez dire, mais je suis assez enclin à me lancer grossièrement
dans une faute ignorante, mais faites-le-moi savoir ; Heureusement , ce n'est
rien d'autre
qu'une mauvaise interprétation, et là où je suis clair, je n'accepterai pas le
pardon des dieux, encore moins de vous.

Roi. Non, si vous restez si raide, je rappellerai ma miséricorde.

Mél. Je veux de la douceur Pour remercier un homme qui m'a pardonné un
crime que je n'ai jamais connu.

Roi. Non pas pour instruire vos connaissances, mais pour vous montrer
que mes oreilles sont partout , vous vouliez me tuer et faire fuir le Fort.

Mél. Pardonnez-moi Monsieur ; ma franchise sera pardonnée :
vous conservez ici autour de vous une race de gens oisifs, mangeurs et

bavards, pour diffamer la valeur de ceux qui font des choses dignes ;
l'homme qui a prononcé cela
aurait péri sans nourriture, peu importe qui il voudra,
sans ce bras qui le protégeait de l'ennemi.
Et si je croyais que vous y croyiez, la clarté de ma nature en parlerait
davantage ; Pardonnez-moi (car vous ne devriez pas le faire)
de tuer celui qui a dit cela.

Cal . Moi, ce sera la fin de tout,
Alors je serai équitablement payé pour tous mes soins et services.

Mél . Ce vieillard qui me traite d'ennemi et dont je
      (Bien que je n'atteindrai jamais ma haine aussi bas)
N'ayez aucune bonne pensée, je voudrais pourtant m'excuser, et jure qu'il
pensait que j'avais tort en cela.

Cal . Qui moi, homme sans vergogne ! ne m'en as-tu pas parlé toi-même ?

Mél . Oh, alors ça vient de lui.

Cal . De moi! de qui cela devrait-il venir sinon de moi ?

Mél . Non, je crois que votre méchanceté suffit, mais j'ai perdu ma colère.
Monsieur, j'espère que vous êtes bien satisfait.

Roi . *Lisip* . Cher *Amintor* et sa Dame ; il n'y a aucun son qui vient de toi ; je
viendrai et je ne le ferai pas mon moi .

Amine . Vous l'avez déjà fait Monsieur pour moi, je vous remercie.

Roi . *Melantius* , je lui attribue cela, comme tu es léger .

Mél . C'est étrange que tu le fasses.

Cal . C'est étrange qu'il croie la parole d'un vieil homme ,
qui n'a jamais menti de sa vie.

Mél . Je ne te parle pas ;
Les paroles folles de cet homme malade, Frantick avec la vieillesse et le
chagrin, feront-elles une brèche
entre Votre Majesté et moi ? c'était mal de l'écouter ; mais je lui dois au
moins autant de crédit que j'en ai le pouvoir de supporter. Mais pardonnez-
moi, même si je ne dis que la vérité, je peux me féliciter : j'ai versé avec
vous mon sang insouciant, et je serais réticent
à penser à une action qui me ferait perdre cela, ainsi que mes remerciements
: quand j'étais un garçon, je me suis lancé dans la cause de mon pays,
et j'ai accompli un acte qui m'a arraché cinq ans du temps,
et je suis alors
resté un homme. Et pour toi, mon roi, tes sujets se sont tous nourris grâce

à mon bras.
Mon épée a labouré le sol
et récolté les fruits en paix ;
Et vous-même avez vécu chez vous dans l'aisance :
je suis devenu si terrible que, sans épées, mon nom vous a amené à
conquérir, et mon cœur
et mes membres sont toujours les mêmes ; ma volonté est grande De vous
rendre service : ne me laissez pas payer D'une si étrange méfiance.

Roi . *Melantius* , j'ai considéré comme une grande injustice de croire
ton ennemi, et je ne l'ai pas fait ; si je l'ai fait, je ne le fais pas, que cela
satisfasse : qu'est-ce qui a frappé
de tristesse tout le monde ? Plus de vin!

Cal . Quelques belles paroles ont renversé ma vérité :
Ah, c'est un méchant.

Mél . Pourquoi tu ferais mieux de me laisser le fort,
Dotard, je te déshonorerai ainsi pour toujours ;

[*À part* .

Il n'y aura aucun crédit sur tes paroles;
Pensez mieux et livrez-le.

Cal . Mon seigneur, il est à moi maintenant pour le faire ; parle :
Nie-le si tu le peux ; examinez-le Tant qu'il aura chaud, car il sera cool , il y
renoncera.

Roi . C'est de la folie, j'espère, *Melantius* .

Mél . Il s'est beaucoup perdu depuis que sa fille a perdu le bonheur que ma
sœur a gagné ; et bien qu'il m'appelle Foe, je le plains.

Cal . Pitié! une vérole sur vous.

Roi . Notez ses paroles désordonnées, et au Masque.

Mél . *Diagoras* sait qu'il s'est mis en colère et s'est moqué de moi,
et qu'il a traité de dame putain, si innocente
qu'elle ne l'a pas compris ; mais il convient à vous et à moi aussi de
pardonner la distraction, de lui pardonner comme je le fais.

Cal . Je ne parlerai pas pour toi, malgré toute ta ruse, si tu
veux bien lui couper la tête, car on n'a jamais connu de coquin aussi
impudent.

Roi . Certains qui l'aiment le mettent au lit. Eh bien, la pitié
ne devrait pas laisser l'âge se rendre méprisable ; nous devons
être tous vieux, éloignez-le.

Mél. Calianax, le roi vous croit ; viens, tu rentreras
chez toi et tu te reposeras ; vous avez bien fait ; vous y renoncerez
quand je vous aurai ainsi un mois, j'espère.

Cal. Maintenant, maintenant, c'est clair, monsieur, il m'émeut encore ;
Il dit qu'il sait que je lui abandonnerai le fort,
quand il m'aura ainsi utilisé un mois : je suis fou,
ne suis-je pas encore ?

Omnes. Hahaha!

Cal. Je serai vraiment fou si vous faites cela ;
Pourquoi ferais-tu confiance à un homme robuste là-bas (qui n'a aucune
vertu en lui, tout est dans son épée)
avant moi ? mais enlevez-lui ses armes, et c'est un âne, et je suis très
insensé, avec et sans lui, selon que vous m'utilisez.

Omnes. Hahaha!

Roi. C'est bien *Calianax* ; mais si vous utilisez
ceci une fois de plus, j'implorerai quelqu'un d'autre de veiller à ce que vos
fonctions soient bien remplies .
Soyez joyeux messieurs, il se fait un peu tard. *Amintor*, tu voudrais te
coucher à nouveau.

Amine. Oui Monsieur.

Roi. Et toi *Evadné* ; laisse-moi te prendre dans mes bras, *Melantius* , et croire
que tu es tel que tu mérites de l'être, mon ami encore et pour toujours . Bon
Calianax, Dors profondément, cela te ramènera à toi.

[*Sort omnes. Manent Mel*. et *Cal*.

Cal. Dormir bruyamment! Je dors profondément maintenant j'espère,
je ne pourrais pas être ainsi autrement. Comment oses -tu rester
seul avec moi, sachant comment tu m'as utilisé ?

Mél. Tu ne peux pas me faire exploser avec ta langue,
et c'est la partie la plus forte que tu as en toi.

Cal. J'attends pour cela une grande punition,
car je commence à oublier toute ma haine, et je ne prends pas méchamment
que mon ennemi
m'utilise d'une manière si extraordinairement scorbutine.

Mél. Je fondrai aussi, si tu commences à prendre
       Méchancetés : je n'ai jamais voulu que tu fasses du mal.

Cal. Tu me mettras encore en colère ; misérable voyou, tu
ne m'as pas fait de mal ! déshonorez-moi auprès du roi ; Perdez tous mes

bureaux ! ça ne fait pas de mal, n'est-ce pas ? Je te le demande , qu'appelles-tu blessé ?

Mél. Poyson les hommes parce qu'ils ne m'aiment pas ;
Pour remettre en question le crédit des épouses
des hommes ; Assassiner des enfants entre moi et la terre ; tout cela est
blessé.

Cal. Tu penses que tout cela n'est que du sport ;
Car la mienne est pire : mais utilise ta volonté avec moi ; Car entre chagrin
et colère, je pourrais pleurer.

Mél. Soyez donc sage et soyez en sécurité ; tu peux te venger.

Cal. Je suis le roi ? Je voudrais me venger de toi.

Mél. Que vous devez comploter vous-même .

Cal. Je suis un bon traceur.

Mél. En bref, je te tiendrai avec le roi
dans cette perplexité, jusqu'à ce que la colère et ta disgrâce t'aient déposé
dans ta tombe. Mais si tu veux livrer le fort, je prendrai ton corps tremblant
dans mes bras
et te porterai. sur les dangers; tu conserveras ton état habituel.

Cal. Si je devais le dire au roi, ne peux -tu pas le nier encore une fois ?

Mél. Essayez et croyez.

Cal. Non, tu peux tout faire : tu auras le fort.

Mél. Eh bien, que notre haine soit enterrée ici, et
cette main nous redressera tous les deux ; donne-moi ton vieux sein à
entourer.

Cal. Non, je ne t'aime pas encore :
je ne peux pas supporter de te regarder :
et si je pensais que c'était une courtoisie ,
tu ne devrais pas l'avoir : mais je suis déshonoré ;
Mes bureaux doivent être supprimés ;
Et si seulement je tenais ce fort un jour, je crois que le roi me le prendrait et
te le donnerait, tant les choses sont étrangement portées ; Ne m'en remercie
pas ; mais pourtant le roi saura
qu'il y avait quelque chose de pareil dans ce dont je lui ai parlé ;
Et que j'étais un honnête homme.

Mél. Il achètera ce savoir très cher.

[*Entre Diphilus* .

Quelles nouvelles de toi ?

Diplôme. C'était vraiment une soirée pour le faire ;
Le roi l'a fait venir.

Mél. Elle l'exécutera alors ; va *Diphilus*,
et prends à ce brave homme, mon digne ami, le fort ; il te le donnera.

Diplôme. Ha, tu as compris ?

Cal. Es-tu de la même race ? peux-tu aussi nier cela au roi ?

Diplôme. Avec une confiance aussi grande que la sienne.

Cal. La foi, ça suffit.

Mél. Éloignez-vous et utilisez-le avec bonté.

Cal. Ne me touche pas, je déteste toute cette tension : si tu me suis très
loin, je te livre le fort ; et pendez-vous.

Mél. Partez.

Diplôme. Il est finement travaillé.

[*Sort Cal. Diplôme*.

Mél. C'est une nuit malgré les astronomes
pour accomplir l'action ; Je laverai la tache qui repose sur notre maison avec
son sang.

Entrez Amintor.

Amine. *Mélantius*, aide-moi maintenant, si tu es ce que tu dis, aide-moi : j'ai
perdu toutes mes maladies, et j'ai trouvé une rage si agréable ; aide-moi.

Mél. Qui peut le voir ainsi, Et ne pas jurer vengeance ? qu'est-ce qu'il y a
mon ami ?

Amine. Sortez avec votre épée ; et main dans la main avec moi,
précipitez-vous dans la chambre de ce roi détesté, et précipitez-le avec le
poids de tous ses péchés en enfer pour toujours.

Mél. C'était une tentative téméraire,
à ne pas faire en toute sécurité : laissez votre raison comploter votre
vengeance, et non votre passion.

Amin. Si tu me refuses dans ces extrêmes ,
tu n'es pas un ami : il me l'a fait venir ; Par le Ciel pour moi ; moi-même ; et
je dois vous dire
que je l'aime comme une étrangère ; il y a de la valeur dans cette vile femme,
des choses dignes, *Mélanius* ;

Et elle se repent. je vais point moi seul,
même si je suis tué. Adieu.

Mél. Il renversera tout mon dessein avec folie :
                    Amintor, pense à ce que tu fais ; J'ose autant que
                    valeur ;
Mais c'est le roi, le roi, le roi, *Amintor*,
avec qui tu combats ; Je sais qu'il est honnête,

[*À part*.

Et cela fonctionnera avec lui.

Amin. Je ne peux pas dire
ce que tu as dit ; mais tu as charmé mon épée
de ma main, et tu m'as laissé trembler ici, sans défense .

Mél. Je vais le prendre pour toi.

Amin. Quelle bête sauvage que l'homme incontrôlé !
La chose que nous appelons honneur nous entraîne tous
tête baissée vers le péché, et pourtant elle -même n'est rien.

Mél. Hélas, comme tes pensées sont variables !

Amin. Tout comme ma fortune : j'ai couru vers ce pour quoi
j'avais l'intention de te gronder .
Je me méfiais de ton complot contre le roi
dans la voiture de ce vieux bonhomme : mais prends garde :
il n'y a pas le moindre membre qui pousse vers un roi, qui ne porte en lui le
tonnerre.

Mél. Je n'en ai aucun contre lui.

Amin. Eh bien, venez donc, et rappelez-vous toujours que nous ne pensons
peut-être pas à la vengeance.

Mél. Je m'en souviendrai.

Actus Quintus .

Entrent Evadne *et un* gentleman.

Évad. Monsieur, le roi est-il couché ?

Gand. Madame, il y a une heure.

Évad. Donnez-moi donc la clé, et que personne ne s'approche ;
C'est le plaisir du roi.

Gand. Je vous comprends Madame, ce serait le mien.
Je ne dois pas souhaiter un bon repos à Votre Seigneurie .

Évad. Vous parlez, vous parlez.

Gand. C'est tout ce que j'ose faire, Madame ; mais le roi se réveillera, et alors.

Évad. Sauvez votre imagination, priez pour une bonne nuit Monsieur.

Gand. Bonne nuit donc, et longue Madame ;
Je suis parti.

Évad. La nuit devient horrible, et tout autour de moi
Comme mon but noir : Ô la Conscience [*Roi Abed*.

D'une Vierge perdue ; où vas-tu me tirer ?
À quelles choses lugubres, comme la profondeur de l'enfer, me
provoqueras-tu ? Qu'aucune [femme] n'ose à partir de cette heure être
déloyale : si son cœur est de chair, si elle a du sang et peut craindre, c'est
une audace au-dessus de cet imbécile désespéré qui a quitté sa paix et est
allé à la mer pour se battre : c'est ainsi. Beaucoup de péchés, un siècle ne
peut les empêcher ; et ils sont si grands,
pour lesquels les dieux veulent miséricorde : et pourtant je dois les
surmonter .
J'ai commencé un carnage sur mon honneur .
Et il faut que j'y finisse : il dort, mon Dieu ! Pourquoi donner la paix à cette
bête
intempérante qui vous transgresse depuis si longtemps ? Je dois le tuer, et je
ne le ferai pas courageusement : la simple joie
me dit que je le mérite : pourtant je ne dois pas le faire ainsi docilement
pendant qu'il dort : c'était pour le bercer dans un autre monde : ma
vengeance
le fera se réveiller. , puis exposez-lui
le nombre de ses torts et de ses châtiments. Je secouerai ses péchés comme
des furies, jusqu'à réveiller
son mauvais ange, sa conscience malade : Et puis je le frapperai à mort :
Roi, avec ta permission :

[*Attache ses bras au lit .*

Je n'ose pas faire confiance à votre force : Votre Grâce et moi
ne devons plus lutter sur un pied d'égalité : ainsi, s'il ne me insulte pas à
cause de ma résolution,
je serai assez fort. Mon Seigneur le Roi, mon Seigneur ; il dort Comme s'il
voulait ne plus se réveiller, mon Seigneur ; Il n'est pas déjà mort ? Monsieur,
mon Seigneur.

Roi. Qui c'est?

Évad. Ô vous dormez profondément Monsieur !

Roi . Ma chère *Evadne* , j'ai rêvé de toi ; viens au lit.

Évad . Je suis enfin venu Monsieur, mais comment bienvenu ?

Roi . Quel joli nouvel appareil est cet *Evadne* ?
Qu'est-ce que tu m'attaches à toi par mon amour ? C'est une question
pittoresque : viens ma chère et embrasse-moi ; Je serai ton *Mars* pour
coucher ma Reine d'Amour :
soyons pris ensemble, afin que les Dieux voient, Et envient nos
embrassements.

Évad . Restez Monsieur, restez,
Vous avez trop chaud, et je vous ai apporté un Physick Pour tempérer vos
hautes veines.

Roi . Alors préviens- toi de te coucher ; laisse-moi le prendre au chaud,
là tu connaîtras mieux l'état de mon corps.

Évad . Je sais que tu as un corps répugnant et infect,
et que tu dois saigner.

Roi . Saigner!

Évad . Moi, tu saigneras : reste tranquille, et si le Diable,
Ta convoitise te donne congé, repent-toi : cet acier Vient racheter l'
honneur que tu as volé,
Roi, mon beau nom, que rien d'autre que ta mort ne peut répondre au
monde. .

Roi . Comment va cette *Evadné* ?

Évad . Je ne suis pas elle : je ne porte pas non plus dans ce sein
tant d'esprit froid pour être appelé femme :
je suis un tigre : je suis toute chose
qui ne connaît pas la pitié : ne bouge pas, si tu le fais, je te prendrai au
dépourvu . 'd ; tes craintes sur toi,
qui font paraître tes péchés doubles, et ainsi t'envoyer (par ma vengeance je
le ferai) regarder ces tourments
        Préparé pour ces âmes noires.

Roi . Tu ne veux pas dire ceci : c'est impossible :
tu es trop doux et trop doux.

Évad . Non, je ne le suis pas :
je suis aussi immonde que toi, et je peux compter autant d'enfers de ce
genre ici : j'étais autrefois belle, autrefois j'étais belle, pas une rose qui
souffle plus chastement et douce, jusqu'à ce que tu sois , toi, toi. , immonde
Chancre, (Ne remue pas) m'as empoisonné : J'étais un monde de vertu ,
Jusqu'à ce que ta maudite Cour et toi (l'enfer te bénisse pour cela)

Avec tes tentations sur tentations M'as fait abandonner mon honneur ; pour lequel (Roi)
je suis venu te tuer.

Roi . Non.

Évad . Je suis.

Roi . Tu ne l'es pas.
Je te prie de ne pas dire ces choses ; tu es doux,
et tu n'étais pas censé être ainsi robuste.

Évad . Paix et écoute-moi.
Ne remuez que votre langue, et cela par pitié envers ceux qui sont au-dessus de nous ; par les lumières desquelles je fais le vœu, Ces feux bénis qui jaillissent pour voir notre péché, Si ton âme brûlante avait de la substance avec ton sang, je tuerais aussi celle-là, qui étant au-delà de mon acier, Ma langue enseignera : Tu es un méchant sans vergogne, Un chose issue du changement excessif de la nature;
Envoyé comme un épais nuage pour disperser une peste Sur les femmes faibles qui attrapent ; un tel tyran que, pour sa convoitise, il vendrait ses sujets, moi, tout son paradis désormais.

Roi . Écoute *Evadné* ,
âme de douceur ! écoute, je suis ton roi.

Évad . Tu es ma honte ; reste tranquille, il n'y a rien autour de toi,
Dans tes cris ; toutes les promesses de sécurité ne sont que des rêves trompeurs : ainsi, ainsi, homme immonde, ainsi je commence ma vengeance.

[*Le poignarde* .

Roi . Tenez *Evadné* !
Je t'ordonne de tenir.

Évad . Je ne veux pas, Monsieur,
me séparer si équitablement de vous ; nous devons changer. Encore plus de ces tours d'amour.

Roi . Quel foutu méchant
             Ne t'as- tu pas provoqué à ce meurtre ?

Évad . Toi, monstre.

Roi . Oh!

Évad . Tu m'as gardé courageux à la cour, et tu m'as trompé ;
Puis m'a épousé un jeune noble gentleman ; Et qui m'a toujours fait .

Roi . *Evadné* , plains-moi.

Évad . Enfer prends -moi alors ; ceci pour monseigneur *Amintor* ;
Ceci pour mon noble frère ; et ce coup pour la plus lésée des femmes.

[*Le tue* .

Roi . Oh! Je meurs.

Évad . Meurs tous nos défauts ensemble ; Je te pardonne.

[*Sortie* .

Entrez dans deux des chambres à coucher .

1. Allons, elle est partie, entrons, le Roi
l'attend et sera en colère.

2. C'est une bonne fille, nous lui faisons une claque un de ces
soirs alors qu'elle s'éloigne de lui.

1. Contenu : comme il en avait fini avec elle ! Je vois que
les rois ne peuvent pas faire plus de cette façon que les autres mortels.

2. Comme il est rapide ! Je ne peux pas l'entendre respirer.

1. Soit les Tapers donnent une faible lumière, soit il paraît très pâle.

2. Et c'est ce qu'il fait, priez le Ciel qu'il se porte bien.
Regardons : Hélas ! il est raide , blessé et mort :
Trahison, Trahison !

1. Courez et appelez.

[*Sortie Gand* .

2. Trahison, trahison !

1. Cela nous sera imposé : qui peut croire qu'une femme puisse faire cela ?

Entre Cléon *et* Lisippe .

Cléon . Et maintenant, où est le Traytor ?

1. S'enfuit, s'enfuit ; mais là son acte lamentable reste toujours.

Clé . Son acte ! une femme!

Lis . Où est le corps ?

1. Là.

Lis . Adieu, digne homme ; il y avait deux liens
qui unissaient nos amours, un frère et un roi ;
La moindre d'entre elles pourrait provoquer un flot de larmes : Mais telle

est la misère de la grandeur : Ils n'ont pas le temps de pleurer ; alors
pardonnez-moi. Messieurs, par où est-elle allée ?

[*Entre Strato* .

Strate . Ne la suivez jamais,
Car elle, hélas ! n'était que l'instrument. On apprend maintenant que
Melantius
a pris le fort et se tient debout sur le mur ; Et d'une voix forte appelle ceux
qui passent
à cette heure morte de la nuit, délivrant les innocents de cet acte.

Lis . Messieurs, je suis votre roi.

Strate . Nous le reconnaissons.

Lis . Je voudrais que je ne l'étais pas : suivez tout ; car cela doit s'arrêter
brusquement.

[*Sortant*

Entrer Melant . Diplôme . *et* Cal. *sur le mur* .

Mél . Si les gens stupides peuvent croire que je suis armé ,
soyez constant *Diphilus* ; maintenant nous avons le temps,
soit d'apporter notre bannissement honore la maison,
Ou en crée de nouvelles dans nos fins.

Diplôme . Je n'ai pas peur ;
Mon esprit ne ment pas ainsi. Courage *Calianax* .

Cal . Si j'en avais , vous devriez vite le savoir.

Mél . Parlez au peuple ; tu es éloquent.

Cal . C'est une belle éloquence que de venir à la potence ;
Tu es né pour être ma fin ; le diable vous prend. Maintenant, dois-je pendre
pour avoir de la compagnie ; il est étrange que je sois vieux et que je ne sois
ni sage ni vaillant.

Entrer Lisip . Diag. Cléon, Strat. Garde.

Lisip . Voyez où il se tient avec autant d'assurance,
Comme s'il avait tout le contrôle sur lui.

Strate . Il a l'air d'avoir la meilleure cause ; Monsieur,
sous votre gracieuse grâce, permettez-moi de le dire ; Bien qu'il soit puissant
et enthousiaste vers toutes les grandes choses ; à toutes choses de ce
danger, les hommes pires tremblent à l'annonce de cela ; pourtant je le crois
certainement noble, et cette action a plutôt été tentée que recherchée ; son

esprit était toujours
aussi digne que sa main.

Lis . C'est aussi ma crainte ;
Le Ciel pardonne tout : invoquez-le Seigneur *Cléon* .

Cléon . Ho des murs là-bas.

Mél . Digne *Cléon* , bienvenue ;
Nous aurions pu te souhaiter ici Seigneur; tu es honnête.

Cal . Eh bien, tu es aussi flatteur qu'un fripon, même si je n'ose pas te le
dire.

[*À part* .

Lis . *Mélance* !

Mél . Monsieur.

Lis . Je suis désolé que nous nous rencontrions ainsi ; notre vieil amour
n'a jamais exigé une telle distance ; priez le Ciel. Vous ne
vous êtes pas quitté et avez recherché cette sécurité
Plus par peur que par honneur ; vous avez perdu
un noble maître, que votre foi *Melantius* ,
certains pensent, aurait pu conserver ; pourtant c'est vous qui savez le
mieux.

Cal . À l'époque, j'étais fou; certains qui oseront
se battre, j'espère, paieront ce coquin.

Mél . Royal jeune homme, dont les larmes te paraissent belles ;
S'ils avaient été abandonnés pour un monument méritant, ils auraient été
des monuments durables. Ton frère, tant qu'il était bon, je l' ai appelé roi, et
je l'
ai servi avec cette foi forte, cette valeur infatigable ;
        Des gens poussés du soleil le plus éloigné à le chercher ;
Et par son amitié, j'étais alors son aide ;
Mais comme son ardent orgueil l'a poussé à me déshonorer, et à marquer
mes nobles actions de son désir, (cela n'a jamais guéri déshonneur de ma
sœur,
tache basse de putain ; et ce qui est pire, La joie de le faire encore ainsi)
comme moi ;
C'est ainsi que je l'ai rejeté avec mon allégeance, et que j'ai ici ma propre
justice pour venger ce que j'ai souffert en lui ; et ce vieil homme s'est
trompé presque jusqu'à la folie.

Cal . Qui moi ? vous m'attireriez : je n'ai eu aucun tort,
je vous désavoue tous.

Mél. Le court est le suivant :
Ce n'est pas une ambition de m'élever ,
        Exhorte -moi ainsi ; Je désire à nouveau
être sujet, afin d'être libéré ; Sinon, je connais ma force et je déconstruirai
cette belle ville ; soyez rapide et sage dans votre réponse.

Strate. Soyez soudain, Monsieur, pour
tout lier à nouveau ; ce qui est fait est au-delà de toute reconnaissance ,
et vous dépasse pour vous venger ; et il y en a des milliers qui attendent une
heure aussi troublée que celle-ci ; Jetez-lui le blanc.

Lis. *Melantius* , écris là ton choix,
Mon Sceau y est.

Mél. C'est notre honneur qui nous a attiré vers cet acte,
et non un gain ; et nous n'œuvrerons que pour notre pardon.

Cal. Mettez mon nom aussi.

Diplôme . Vous nous avez désavoués , mais maintenant, *Calianax* .

Cal. C'est tout un ;
        Je ne serai plus pendu désormais par un tour ;
        Je vais l' avoir .

Mél. Vous le ferez, vous le ferez ;
Venez à la porte arrière, et nous vous appellerons Roi,
et nous vous rendrons le Fort.

Lis. Loin, loin.

[*Sort Omnes* .

Entrer Aspatie *dans les vêtements pour hommes* .

Aspe. C'est mon heure fatale ; le ciel peut pardonner
ma tentative téméraire, qui, sans cause, m'a imposé
des chagrins qui ne me laisseront jamais se reposer : et mettre le cœur d'une
femme dans mon sein ;
C'est un plus grand honneur pour vous que je meure ;
Pour celle qui peut supporter la misère que j'ai sur moi, et être patiente
aussi, puisse vivre et rire de tout ce que tu peux faire. Que Dieu vous garde
Monsieur. [*Entre le serviteur* .

Ser. Et vous Monsieur; quelle est ton affaire ?

Aspe. Avec vous Monsieur maintenant, pour me faire l'Office Pour m'aider
auprès de vous[r] Seigneur.

Ser. Quoi, tu le servirais ?

Aspe. Je lui rendrai n'importe quel service ; mais je me hâte, car mes affaires sont sérieuses, je désire lui parler.

Ser. Monsieur, parce que vous êtes si pressé, je ne voudrais pas vous retarder davantage : vous ne pouvez pas.

Aspe. Il vous appartiendra cependant de le dire à votre Seigneur.

Ser. Monsieur, il parlera sans corps.

Aspe. C'est très étrange : es-tu à l'épreuve de l'or ? voilà pour toi ; aide-moi à lui.

Ser. Je vous en prie, ne soyez pas en colère Monsieur, je ferai de mon mieux.

[*Sortie* .

Aspe. Avec quelle obstination cet homme m'a répondu !
Il y a un vil tour malhonnête chez l'homme, plus que chez les femmes : tous les hommes que je rencontre
me paraissent ainsi, sont durs et grossiers,
et ont en toute chose une subtilité que
l'amour ne pourrait jamais connaître ; mais nous aimons les femmes,
nourrissons les pensées les plus faciles et les plus douces, et pensons que
tout se passera ainsi ; il est injuste que les hommes et les femmes soient mis
ensemble.

Entrer Amitor *et son homme* .

Amin . Où est-il!

Ser . Voilà, mon Seigneur.

Amin . Que voudriez-vous Monsieur ?

Aspe . S'il vous plaît, Votre Seigneurie ordonne à votre homme
de sortir de la pièce ; livrera des choses dignes de votre audition.

Amin . Laisse nous.

Aspe . O que cette forme enterre le mensonge en elle.

[*À part* .

Amin . Maintenant, votre volonté, Monsieur.

Aspe . Quand tu me connais, mon Seigneur, tu dois deviner
Mes affaires ! et je ne suis pas difficile à savoir ; Car jusqu'à ce que le
changement de guerre ait marqué ce visage lisse
de ces quelques imperfections, les gens m'appelaient l'image de ma sœur, et
sa mienne ; bref, je suis le frère de l' injuste *Aspatie* .

Amin . Le mal a eu *Aspatie* ! Voudrais-tu l'être aussi
pour les torts *Amintor* ; laisse-moi embrasser
ta main en l'honneur que je porte
au mal *Aspatia* : je me tiens là.
Cela l'a fait ; ne le pourrait-il pas ; doux jeune homme. Laisse-moi, car il y a
quelque chose dans ton regard qui rappelle mes péchés sous la forme la plus
hideuse dans mon esprit ; et j'ai assez de chagrin sans ton aide.

Aspe . Je le voudrais avec honneur :
depuis l'âge de douze ans, je n'avais vu ma sœur qu'à cette heure ; Je suis
maintenant arrivé ;
Elle m'a fait venir pour voir son mariage, un mariage affreux : mais ceux qui
sont là-haut
ont une fin en tout ; elle m'a dit quelques mots,
mais assez pour me faire comprendre la bassesse du tort que vous lui avez
fait. Cette petite formation que j'ai reçue, c'est la guerre ; Je peux me
comporter de manière grossière en paix ;
Mais je ne le ferais pas ; Je n'aurai pas besoin de vous dire que je suis jeune ;
et tu serais réticent à perdre
                Un honneur qui ne se retrouve pas facilement .
En fait, j'ai l'intention de traiter ; l'âge est strict pour les combats singuliers,
et nous serons arrêtés.
S'il est publié : si vous aimez votre épée,
utilisez-la ; si le mien vous paraît meilleur, changez ; car le terrain est là, et
c'est le moment de mettre fin à notre différend.

Amin . Jeune charitable,
si tu l' es , ne pense pas que je soutiendrai
un tort si étrange ; et pour l'amour de tes sœurs, sache que je ne pouvais pas
penser à cette chose désespérée que je n'osais pas faire ; pourtant, pour
profiter de ce monde, je ne la verrais pas ; car en te voyant, je suis je ne sais
quoi ; si j'ai quelque chose qui puisse te contenter, prends-le et pars ; Car la
mort n'est pas aussi terrible que toi ; Tes yeux me jettent de la culpabilité.

Aspe . Ainsi elle a juré
que tu te comporterais bien et que tu me donnerais des paroles
qui me feraient monter les larmes aux yeux, et c'est effectivement ce que tu
fais ; mais pourtant elle m'a dit de faire attention, de peur d'être cousé , et
de m'assurer de me battre avant de me battre.
                je suis revenu .

Amin . Cela ne doit pas être mon cas ;
Pour elle , je mourrai directement, mais contre elle, je ne
le risquerai jamais.

Aspe . Il faut que vous soyez pressé ; Je ne traite pas de manière incivile ceux qui

osent se battre ; mais quelqu'un comme vous doit être traité ainsi.

[*Elle le frappe* .

Amin . Prenez garde , jeunes gens ;
Ta sœur est pour moi une chose tellement au-dessus de mon honneur , que je peux supporter tout
cela ; bons dieux, un coup que je peux supporter ;
Mais ne restez pas, de peur que vous n'attiriez sur vous une mort
prématurée.

Aspe . Tu es un homme bavard,
Celui qui a étudié un truc pour parler
Et émouvoir les gens au cœur tendre ; être botté ,

[*Elle lui donne un coup de pied* .

Ainsi pour être expulsé - pourquoi devrait-il être si lent
[À part .
En me donnant ma mort ?

Amin . Un homme
ne peut plus supporter et garder sa chair ; pardonne-moi alors ; Je supporterais encore si je le pouvais ; montre maintenant l'esprit que tu prétends , et comprends
que tu n'as aucun honneur de vivre :

[*Ils se battent* .

Que veux-tu dire ? tu ne peux pas combattre :
les coups que tu me
portes sont tout à fait autres ; Et ceux que je t'offre, tu as étendu tes bras,
et tu les as pris sur ta poitrine, hélas ! sans défense .

Aspe . J'en ai assez,
Et mon désir ; il n'y a aucun endroit plus propice à ma mort qu'ici.

Entre Evadné.

Évad . *Amintor* ; Je suis chargé d'événements qui volent pour te rendre heureux ; j'ai des joies

[*Ses mains étaient ensanglantées avec un couteau* .

Cela peut en un instant rappeler tes torts,
et te rétablir dans ton état libre ; C'est toujours *Evadne* qui te suit, mais pas ses
méfaits.

Amin . Tu ne peux pas me tromper en me faisant croire Agen ;
Mais tu as des regards et des choses si pleins de nouvelles que je suis figé.

Évad . Noble *Amintor* , retarde ton étonnement ;
Lâche tes yeux et parle, ne suis-je pas juste ? *Evadne* n'a-t-elle pas l'air belle avec ces rites maintenant ?
Ces heures étaient-elles à moitié si belles à tes yeux,
Quand nos mains se rencontraient devant le saint homme ? J'étais alors trop immonde pour avoir l'air juste ; Comme je connaissais mal, je n'étais pas libre jusqu'à présent.

Amin . Il y a un présage de quelque chose d'important
à ton sujet, que ta langue semble avoir perdu : tes mains sont ensanglantées et tu as un couteau.

Évad . En cela consistent ton bonheur et le mien ;
Joie à *Amintor* , car le roi est mort.

Amin . Ceux que nous aimons ont le plus grand pouvoir de nous blesser.
Nous déposons nos vies endormies dans leurs bras. Eh bien, tu as élevé le mal à cette hauteur,
et tu en as trouvé un pour surpasser tes autres défauts ; Tu n'as pas de répit dans tes péchés, mais toute ta vie est un mal continu ; Le noir est ta couleur maintenant, la maladie est ta nature.
Joie à *Amintor* ! tu as touché une vie
dont le nom même avait le pouvoir d'enchaîner toute ma rage et de calmer mes torts les plus fous.

Évad . C'est fait ; et comme je n'ai pas pu trouver un moyen
de rencontrer ton amour aussi clair que par sa vie, je ne peux pas maintenant m'en repentir.

Amin . Pourrais -tu amener les dieux à me parler,
à me dire d'aimer cette femme et de lui pardonner, je pense que je devrais me brouiller avec eux ; Voici, repose ici un jeune dont les blessures saignent dans ma poitrine ,
envoyé par son destin violent pour chercher sa mort dans ma main lente : et pour augmenter mon malheur, tu es maintenant présent taché du sang d'un roi
violemment versé : cela garde la nuit ici. , Et jette autour de moi un désert inconnu.

Aspe . Oh oh oh!

Amin . Pas plus, ne me poursuivez pas.

Évad . Pardonne-moi donc et emmène-moi dans ton lit. Nous ne pouvons pas nous séparer.

Amin . Abstenez-vous, soyez sage et laissez ma rage aller dans cette direction.

Évad . C'est toi que je resterais, pas ça.

Amin . Attention, il reviendra avec moi.

Évad . S'il le faut, je n'aurai pas peur de le rencontrer ; ramène-moi à la maison.

Amin . Toi, monstre de cruauté, abstiens-toi.

Évad . Pour l'amour du ciel , ayez l'air plus calme ;
Tes yeux sont plus aiguisés que tu ne peux fabriquer ton épée.

Amin . Loin, loin, tes genoux sont pour moi plus que violence.
Je suis pire que malade de voir les genoux me suivre. Pour cela je ne dois pas l'accorder ; pour l'amour du ciel , tenez-vous debout.

Évad . Recevez-moi alors. *Amin* . Je n'ose pas retenir ton langage ;
Au milieu de toute ma colère et de mon chagrin, tu réveilles quelque chose qui me trouble, et tu me dis que je t'ai aimé autrefois ; Je n'ose pas rester ;
Il n'y a pas de fin au raisonnement des femmes .

[*La quitte* .

Évad . *Amintor* , tu m'aimeras encore une fois ; Allez, je suis calme ; adieu; et la paix pour toujours . *Evadne* , que tu as, mourra pour toi.

[*Se tue* .

Amin . J'ai encore une petite
nature humaine qui t'est laissée, qui m'ordonne de retenir ta main. [*Retours* .

Évad . Ta main était la bienvenue, mais elle arriva trop tard ;
Ah je suis perdu ! le sommeil lourd précipite.

[*Elle meurt* .

Aspe . Oh oh oh!

Amin . Ma terre tremble, et je ressens
dans mon sang un mouvement d'effroi intense ; Mon âme se lasse de sa maison, et je suis partout un ennui pour moi-même ;
Il y a quelque pouvoir caché dans ces choses mortes qui appelle ma chair en elles ; J'ai froid;
Soyez résolu et tenez-leur compagnie :
il y a encore quelque chose que je suis réticent à quitter. Il y a assez d'homme en moi pour affronter les peurs que la mort peut engendrer, et pourtant cela serait-il fait ; Je ne trouve rien dans tout le discours De la mort, je n'ai pas osé emprunter le chemin le plus audacieux ; Cependant,

entre la raison et l'acte, le tort que j'ai fait à *Aspatia* demeure,
je n'ai pas une telle faute à répondre,
même si elle peut justement s'armer de mépris et me haïr, mon âme se
séparera moins troublée, quand j'aurai payé. à elle en larmes ma douleur : Je
ne laisserai pas cet acte insatisfait, Si tout ce qui me reste peut y répondre.

Aspe. Était-ce un rêve? *Amintor* reste immobile :
Ou je rêve encore.

Amin. Comment vas-tu ? parle, reçois mon amour et mon aide :
ton sang remonte à son ancienne place : il y a un espoir de ta guérison.

Aspe. N'avez-vous pas nommé *Aspatia* ?

Amin. Je l'ai fait.

Aspe. Et lui parler de larmes et de chagrin ?

Amin. C'est vrai, et jusqu'à ce que ces heureux signes en toi
maintiennent mon cap, c'était là que j'allais.

Aspe. Ils sont déjà là, et ces blessures sont les siennes :
Ces menaces que j'ai apportées avec moi ne cherchaient pas à me venger,
mais sont venues chercher cette bénédiction de ta main, je suis encore
Aspatia.

Amin. Mon âme oserait-elle jamais regarder à l' étranger ?

Aspe. Je vivrai *Amintor* ; Je vais bien :
Une sorte de joie salutaire erre en moi.

Amin. Le monde veut des lignes pour excuser ta perte :
Viens, laisse-moi t'emmener dans un lieu de secours.

Aspe. *Amintor*, tu dois rester, je dois me reposer ici,
Ma force commence à désobéir à ma volonté. Comment vas-tu, ma
meilleure âme ? Je voudrais vivre, maintenant, si je le pouvais : m'aurais -tu
aimé alors ?

Amin. Hélas! tout ce que je suis ne vaut pas un cheveu de ta part.

Aspe. Donne-moi ta main, mes mains tâtonnent de haut en bas,
et ne peuvent te trouver ; Je suis merveilleusement malade : ai-je ta main
Amintor ?
Amin. Tu as la plus grande bénédiction du monde.

Aspe. Je te crois mieux que mon sens.
Oh! Je dois y aller, adieu.

Amin. Elle frappe : Au secours *d'Aspatia*, pour l'amour du ciel, de l'eau ;
Tels qu'ils puissent enchaîner la vie pour toujours à ce cadre.

Aspatia , parle : qu'est-ce qui n'aide pas ? pourtant je suis idiot,
Je vais lui frotter les tempes, mais rien ne bouge ;
Une Puissance cachée lui dit qu'Amintor *appelle* ,
Et qu'elle me réponde : *Aspatia* , parle.
J'ai entendu dire, s'il y a la vie, mais inclinez ainsi le corps, et il se montrera .
Oh, elle est partie ! Je ne la quitterai pas encore. Puisque par justice il ne
faut rien contester ; J'appellerai cela miséricorde si vous me plaignez,
vous puissances célestes, et prêtez pour quelques années, l'âme bénie à ce
beau siège d' Agen .
Aucun réconfort ne vient, les dieux me refusent aussi. je vais inclinez le
corps une fois de plus : *Aspatia* !
L'âme s'est enfuie pour toujours , et j'ai tort
Moi-même , j'ai tellement envie de perdre sa compagnie.
Dois-je parler maintenant ? Voici pour être avec toi mon amour.

[*Se tue* .

Entre le serviteur.

Ser . C'est une grande grâce pour mon Seigneur que de voir le nouveau
Roi venir à lui ; Je dois lui dire, il entre .
Ô Ciel, aide, aide ;

Entrer Lysip . Melant . Cal. Cléon, Diph . Straton .

Lys . Où est *Amitor* ?

Strate . Ô là, là.

Lys . Comme c'est étrange !

Cal . Que devrions-nous faire ici ?

Mél . Ces morts me sont si familières,
que pourtant mon cœur ne se dissout pas. Puis-je rester ici raide pour
toujours ; yeux, appelle tes larmes ;
Voici *Amintor* : de cœur, il était mon ami ;
Fondez, maintenant ça coule ; *Amintor* , donne un mot
Pour m'appeler à toi.

Amin . Oh!

Mél . *Melantius* appelle son ami *Amintor* ; Oh, tes bras
sont plus gentils avec moi que ta langue ; Parlez, parlez.

Amin . Quoi?

Mél . Ce petit mot valait tous les sons
que j'entendrai jamais .

Diplôme . Ô frère ! ici repose votre sœur tuée ; Là, vous
vous perdez dans le chagrin.

Mél . Pourquoi *Diphilus* , c'est
une chose dont on peut rire à ce sujet ; Voici ma sœur , mon père, mon
frère, mon fils ;
Tout ce que j'avais; parlez encore une fois; Quel jeune homme tu as tué là ?

Amin . C'est *Aspatia* .
Mes sens s'évanouissent, laisse-moi abandonner mon âme Dans ton sein.

_Cal. Qu'est ce que c'est? Qu'est ce que c'est? *Aspatie* !

Mél . Je ne me suis jamais repenti de la grandeur de mon cœur jusqu'à
présent ; Il n'éclatera pas en cas de besoin.

Cal . Ma fille est morte ici aussi ! et vous avez tous de nouveaux trucs pour
pleurer ; mais je n'ai connu que des pleurs directs.

Mél . Je suis un bavard , mais pas plus.

Diplôme . Tenez frère.

Lysip . Arrête-le.

Diplôme . Fi; comme cette offre était peu virile chez vous !
Est-ce que cela devient notre souche ?

Cal . Je ne sais pas de quoi il s'agit, mais je suis
devenu très gentil et je suis ami avec vous ; Vous m'avez donné que parmi
vous me tuera promptement ; mais je vais rentrer chez moi et vivre aussi
longtemps que je peux.

Mél . Son esprit est pauvre et peut être préservé
de la mort faute d'armes. Ma main n'est-elle pas une arme assez efficace
Pour arrêter mon souffle ? ou si vous les attachez, je jure à *Amintor* de ne
jamais manger,
ni boire, ni dormir, ni avoir affaire à ce qui pourrait préserver la vie ; cela, je
jure de le garder.

Lysip . Regardez-le cependant et portez ces corps.
Puisse ceci être un bon exemple pour moi,
de gouverner avec humeur : car sur les rois lubriques
       Des morts subites inattendues sont envoyées du ciel !
Mais maudit soit celui qui est leur instrument.